ESCUCHA LA

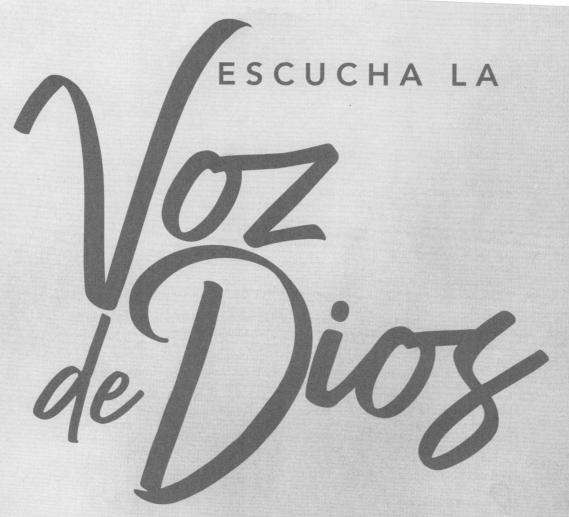

Voz de Dios

CÓMO RECONOCER CUANDO DIOS TE HABLA

PRISCILLA SHIRER

Lifeway Recursos
Nashville Tennessee

Publicado por Lifeway Recursos® • ©2022 Priscilla Shirer

Ninguna parte de este libro puede ser reproducida o copiada, bien sea de manera electrónica o mecánica, incluyendo fotocopias, grabaciones, digitalización y/o archivo de imágenes electrónicas, excepto cuando se autorice por la Editorial. Las solicitudes de permisos para realizar reproducciones o copias deben hacerse por escrito y enviarse a: Lifeway Recursos, One Lifeway Plaza, Nashville, TN 37234-0196.

ISBN: 978-1-0877-7319-3
Ítem: 005839392
Clasificación Decimal Dewey:
Subdivisión: DIOS VOLUNTAD / PROVIDENCIA Y GOBIERNO DE DIOS / VIDA CRISTIANA

EQUIPO EDITORIAL
Becky Loyd
Directora, Lifeway Women
Tina Boesch
Gerente, Lifeway Women, Bible Studies
Carlos Astorga
Director editorial
Juan David Correa
Coordinador editorial
Grupo Scribere
Traducción, edición y adaptación del diseño en español

Para solicitar copias adicionales de este recurso llame al 1 (800) 257-7744, visite nuestra página www.lifeway.com o envíe un correo electrónico a recursos@lifeway.com. También puede adquirirlo o pedirlo en su librería cristiana favorita.

Impreso en Estados Unidos de América.

Contenido

ACERCA DE LA AUTORA

Priscilla Shirer es, primero que nada, esposa y madre. Sin embargo, coloca una Biblia en su mano y un mensaje en su corazón y verás por qué miles se encuentran con Dios de maneras poderosas y personales en sus conferencias y a través de sus estudios bíblicos.

Durante los últimos veinte años, Priscilla se ha dedicado al ministerio a tiempo completo. Ella y su esposo, Jerry, han fundado el ministerio Going Beyond y lo consideran un privilegio para servir a creyentes en todo el espectro del cuerpo de Cristo. Priscilla es autora de más de una docena de libros y de estudios bíblicos sobre temas y personajes bíblicos variados, incluyendo *El éxodo*, *La armadura de Dios*, *Jonás* y *Gedeón*.

Entre escribir y estudiar, pasa su tiempo intentando mantener alimentados (y limpios) a sus tres hijos que crecen rápidamente, Jackson, Jerry Jr. y Jude.

INTRODUCCIÓN

Tal vez eres como yo. Cuando la pequeña ventana aparece en tu pantalla casi todos los días, esa que indica: «Actualización disponible», siempre escoges la opción «Recordarme mañana». Y, cuando llega mañana, lo postergas de nuevo. Y de nuevo.

Incluso cuando instalar la versión más nueva promete mejorar nuestra vida tecnológica, lo ignoramos. Estamos demasiado ocupados o, tal vez, simplemente demasiado cómodos con el lugar donde estamos. Sin embargo, con el tiempo, nuestra computadora comienza a funcionar con lentitud, a trabajar más duro, a esforzarse más por mantener el desempeño. En aquel momento, las actualizaciones no parecían necesarias, pero sí que lo son ahora.

Eso debería hacer que nos preguntemos: ¿Por qué no querríamos vivir *cada* día con toda la capacidad, el poder y la protección que podamos obtener?

Cada mañana y en cada nueva temporada de la vida, el Padre nos ofrece una santa invitación para avanzar al siguiente nivel con Él. A pesar de nuestras objeciones comunes como la negligencia, el desinterés, las ocupaciones y la pereza, Él nos invita a encontrarnos con Él, a platicar con Él, donde su Espíritu pueda hablarnos de manera renovada. Él nos ofrece más un viaje que un destino, un viaje hacia las profundidades de una relación con Él, un camino hacia la abundancia que los viejos hábitos nos impiden alcanzar, un trayecto donde lograremos percibir Su presencia y ser guiados por Su Espíritu para alinearnos con Su voluntad.

«Recordarme mañana» simplemente no es suficiente.

Por eso, una década después de haber escrito este estudio, estoy deseosa de compartir esta actualización espiritual contigo. Creo que estas reflexiones obtenidas de otros diez años de aceptar su invitación continua, no de manera perfecta, pero al menos sí de manera deliberada, te ayudarán a recordar lo que en verdad está disponible de parte de Él.

Cada semana encontrarás cuatro días de reflexiones que culminarán con *El quinto día*. Esta es tu oportunidad para voltear tu atención hacia adentro y escuchar de verdad lo que el Espíritu Santo te ha estado enseñando durante la semana, para hablar con Él y anotar lo que Él te está mostrando. También me emociona que mi propio padre y pastor, el doctor Tony Evans, haya accedido a condensar sus perspectivas en cada semana de tu estudio. En la sección *Profundiza con Papá*, encontrarás otra capa de reflexiones que reforzarán lo que estás aprendiendo. También está incluida una Guía para el líder, solo algunas ideas para ti si eres facilitador de un grupo de estudio.

Tenemos siete semanas enteras por delante para disfrutar y experimentar los beneficios de lo que Él está deseoso de inculcar (e «instalar») en nosotros. Así que, da clic en «Sí» y ¡vamos adelante!

Una Actitud proactiva de obediencia

LA CLAVE:

PARA DESBLOQUEAR LA BENDICIÓN DE DIOS

«Su dirección es solo para aquellos que ya se han comprometido a seguir Su guía. En este sentido podemos decir: "Que Dios es capaz de hablar lo suficientemente alto para que le escuche un alma dispuesta a escuchar"».[1]

—LEWIS SPERRY CHAFER

Mi familia ha disfrutado de una larga historia con los Vaqueros de Dallas. Yo era bastante pequeña cuando el legendario entrenador, Tom Landry, le pidió a mi padre, entonces un joven predicador de treinta años, que fuera el primer capellán en la historia del equipo.

Así que, de vez en cuando, durante mi niñez, papá me llevaba a algún juego de fútbol americano. Recuerdo caminar sobre ese vasto campo del Texas Stadium. Desde el nivel del campo, el césped se extendía en todas las direcciones como una gigantesca alfombra verde y las tribunas parecían extenderse hasta los cielos. Sin embargo, lo que más recuerdo es al entrenador Landry. Desde mi diminuto tamaño, él me parecía un gigante, con su característico sombrero de fieltro sobre esos ojos amables, pensativos y sonrientes que exudaban una fuerza silenciosa. Todos lo honraban.

Si había otro que personificaba al equipo de los Vaqueros, era Roger Staubach, el mariscal de campo que llevaría al equipo a ganar dos Supertazón en los años setenta. Eso fue un poco antes de mi época, por supuesto, pero todavía lo recuerdo a él y su amistad con el entrenador Landry. Ambos eran cristianos y parecían casi como padre e hijo. No obstante, las cosas no siempre fueron tan fáciles entre ellos. Staubach admitió que, como jugador, a menudo le costaba trabajo someterse al liderazgo del entrenador. A pesar de su respeto por la genialidad de Landry en cuanto a estrategia, Staubach ansiaba la libertad de escoger sus propias jugadas en el campo, de liderar a su equipo con su propio enfoque. Él siempre pensó que conocía la mejor manera para hacer funcionar la ofensiva de los Vaqueros. *Su* propia manera.

Staubach finalmente llegó al punto donde se dio cuenta de que tenía que decidir. ¿Se rebelaría en contra de la autoridad de su entrenador? ¿O se sumaría a la dirección que el entrenador quería que tomara? «Yo me enfrenté con el asunto de la obediencia —diría Staubach más tarde—. Una vez que aprendí a obedecer, hubo armonía, satisfacción y victoria».[2] Así es, *muchas* victorias.

Ahí la tienen. Una palabra que determina la libertad, la satisfacción y la victoria para todos nosotros.

¿Vamos a… *obedecer*?

PRIMERO LO PRIMERO

Escribí la primera edición de *Escucha la voz de Dios* hace once años. Mis hijos apenas eran unos niños pequeños y, si miro hacia atrás, yo también era bastante novata. Hoy, mis dos hijos mayores son mucho más altos que yo; miden casi 1,80 m (6 ft). Cada vez que los abrazo, me doy cuenta de que mi cabeza se apoya firmemente en contra de su pecho (en lugar de que ellos apoyen la suya en el mío) y recuerdo cómo el crecimiento es un indicador inevitable de la vida y la salud.

Lo mismo es verdad en nuestra vida espiritual. Si andamos con Cristo y nuestra vida espiritual es saludable, debemos esperar ver crecimiento y cambios de perspectiva como una simple progresión natural. Tiene sentido, ¿no es así? Estoy agradecida por eso, por la perspectiva renovada que Dios me ha dado durante los últimos diez años aproximadamente.

Ahora puedo ver con claridad que la mejor manera de *empezar* un estudio sobre escuchar a Dios es donde originalmente *terminé*.

Escucharlo comienza con un compromiso de obedecer con humildad. No lo haremos de manera perfecta, no siempre podemos obedecer sin cometer errores, pero debemos hacerlo de manera deliberada, con los oídos listos para escuchar y discernir la voz de Dios. Una de las maneras más seguras de evitar escucharlo es adoptar una actitud arrogante y rebelde, en oposición a lo que Su Palabra y Su Espíritu nos están diciendo.

No es probable que escuchemos *nada* de Dios hasta que hayamos abandonado el jaloneo entre nuestra voluntad y la suya. Podemos tener problemas para detectar una sílaba de diálogo divino, mucho menos recibir claridad alguna en discernir lo que significa, hasta que hayamos abierto las conexiones de nuestra sumisión para que Él pueda comenzar a subir el volumen.

Establecer una conexión clara entre la obediencia y escuchar a Dios es una pieza fundamental para discernir Su voluntad y Sus caminos. En oración, considera los versículos siguientes. Después de leer cada pasaje, utiliza el espacio en el margen para anotar cómo conectan la obediencia voluntaria con escuchar la voz de Dios.

«La comunión íntima de Jehová es con los que le temen, y a ellos hará conocer su pacto».
SALMOS 25:14

[Estas son palabras de Jesús]. «El que quiera hacer la voluntad de Dios, conocerá si la doctrina es de Dios, o si yo hablo por mi propia cuenta».
JUAN 7:17

[De nuevo, palabras de Jesús]. «El que tiene mis mandamientos, y los guarda, ese es el que me ama; y el que me ama, será amado por mi Padre, y yo le amaré, y me manifestaré a él».
JUAN 14:21

Mientras más ignoremos o menospreciemos la voz resonante de Dios y la convicción de Su Espíritu dentro de nosotros, más las apagaremos. Él no malgastará Sus palabras en aquellos que no están dispuestos a obedecer. El corazón tierno y sumiso es lo suficiente sensible para detectar de manera continua la guía de Dios y para detectar las voces extrañas y alternativas del enemigo, del temor y del ego que buscan desviarnos.

Así que debo hacerte una pregunta difícil justo ahora, en el primer día juntos en estas páginas: ¿Estás *dispuesto* a obedecer a Dios y Su Palabra? ¿Realmente *quieres* hacer Su voluntad? ¿O has decidido de antemano seguir tu propio camino a pesar de lo que diga el Espíritu de Dios? Sé honesto. (Él ya conoce tu respuesta). Te estoy retando, desde el primer día, a permitirle al Señor ablandar tu corazón y a estar atento a entregar tus propias ambiciones, a elevar Su voluntad por encima de la constante presión de la tuya. Sería un gran desperdicio participar en todas estas semanas de estudio juntos (por cierto, yo estoy emocionada de participar en esto contigo) si al final seguimos permitiendo que nuestro viejo corazón testarudo se interponga en el camino de escucharlo a Él.

Por favor, prométeme que no harás eso.

Yo prometo lo mismo.

Quiero que sepas que estoy en verdad consciente de lo difícil que puede ser someterse. Lo digo yo, una mujer con un corazón que, si no fuera porque el Espíritu Santo mora en mí, sería fría y apática. Así que, cuando pedí a mi familia de Twitter® que nombraran las cosas que normalmente les impiden someterse al Señor, reconocí muchas de sus respuestas.

Observa si puedes reconocer a alguno de estos sospechosos, las razones por las que no obedecemos. *(Encierra aquellas con las que te identificas de manera personal)*.

- temor
- orgullo
- pereza
- testarudez
- presión social
- procrastinación
- falta de confianza en Dios
- incertidumbre en cuanto a cómo comenzar
- estar demasiado cómodo con el lugar donde estás
- impaciencia con los tiempos de Dios
- sentirse indigno de ser usado por Dios
- estar demasiado ocupado con ambiciones personales
- preocupación por escucharlo mal
- decepción de Dios por experiencias pasadas
- dudas de que la obediencia conduzca a un resultado deseable

¿Tienes más? Anótalas aquí.

Elije uno o más de los atributos que encerraste y describe de manera específica cómo te han estorbado para ser obediente. Si no es demasiado personal, prepárate para compartir tu respuesta con tu grupo la próxima vez que se reúnan.

A medida que nos adentramos en este estudio y nos sumergimos de lleno en la libertad de escuchar la voz de Dios de nuevo (o quizás por primera vez), comenzaremos a dejar atrás a estos bandidos. Ellos nos han distraído y desorientado durante suficiente tiempo. Ahora, queremos escuchar a Dios con claridad.

Parecería que estamos comenzando este trayecto en el extremo incorrecto de plan de acción, que estamos colocando el carro de la obediencia antes del caballo de «escuchar a Dios», pero déjame compartir lo que he aprendido. Enfrentar este asunto de la obediencia es el alfa y la omega de cómo escuchar a Dios. La obediencia no es solo *una* de las claves. Es *la* clave que desbloquea todas las bendiciones que Dios planeó para nosotros. También, es lo que mantiene siempre abierta y clara la puerta de comunicación con Él.

Por tanto, no es de sorprender que el enemigo quiera trabajar hasta el turno de la noche con el objetivo de paralizarnos con temor, hacer arder nuestro orgullo, incrementar nuestras dudas, animarnos a postergar o incitar a cualquiera de esos otros alborotadores contra nosotros; lo que sea para impedir que corramos a toda velocidad hacia Dios en sumisión absoluta.

> Observa los sentimientos de Jesús en Juan 5:30; mira en el margen. Encierra lo que *no* buscaba y subraya lo que *sí* buscaba.

Es claro que Jesús no ignoraba que poseía una voluntad propia. Sin embargo, estaba comprometido a honrar la voluntad de Su Padre por sobre ella. Él escuchaba la voz del Padre de manera más clara que cualquiera que haya caminado sobre esta tierra. La característica clave de Su vida fue que siempre estuvo dispuesto a obedecer. Él estaba lleno de humildad y estaba listo para hacer lo que el Padre le pedía sin importar Sus sentimientos ni ambiciones como humano.

«No puedo yo hacer nada por mí mismo; según oigo, así juzgo; y mi juicio es justo, porque no busco mi voluntad, sino la voluntad del que me envió, la del Padre».
JUAN 5:30

Tú y yo también tenemos una voluntad propia. Y eso está bien. No tenemos que fingir que no es así. Nuestro problema viene de no *someter* esa voluntad a la voluntad superior del Padre. A Su perfecta voluntad. A Su voluntad perfectamente sabia. Su voluntad completamente buena. A esa voluntad que afirma: «Si tan solo supieras lo que puedo hacer en ti, no dudarías de mí ni por un instante».

La mayoría de nosotros tememos perder nuestras esperanzas, sueños y ambiciones si nos sometemos por completo a la voluntad del Padre. Las imaginamos destruidas y abandonadas; nunca satisfechas. Honrar las directrices de Dios sí requerirá ajustes de nuestra parte, pero nunca nos dejará con carencias. La voluntad que se somete a Él no se extingue; tan solo se rinde. Se vuelve como barro en las manos del Alfarero, suave y maleable, la materia prima para Su obra maestra más asombrosa.

Nosotros no perdemos; ganamos.

> ¿De qué maneras, si es el caso, has estado preocupado por «perderte a ti mismo» si te sometes por completo a Dios?

La voluntad que se somete a Él no se extingue; tan solo se rinde.

En última instancia, la sumisión nos coloca de manera directa en el centro de la voluntad de Dios y nos da la oportunidad de experimentar lo mejor que podríamos imaginar.

LA DECISIÓN CLAVE

Sumisión. Esa es la clave. Oriéntate hacia una actitud de obediencia ¡antes que nada!, así se abrirán de par en par las puertas para que Su voz sea escuchada y Su voluntad cumplida. El Señor declara a aquellos de Sus hijos que de manera voluntaria someten su voluntad a la Suya:

Dios sabe lo que es mejor para nosotros y solo requiere que lo obedezcamos para que podamos experimentarlo.

> «Te haré entender, y te enseñaré el camino en que debes andar; sobre ti fijaré mis ojos».
> **SALMOS 32:8**

Así que piensa en esta clave hoy como una llave y tómala en tu mano. Ahora mismo, en tu mente, imagina la guía de Dios y Sus instrucciones como una llave grande de plata ornamentada. Es más grande que la palma de tu mano; se extiende desde la punta de tus dedos hasta tu muñeca. Es diferente que cualquier otra llave que hayas visto o usado antes; por eso sabes que es capaz de abrir algo que nunca has experimentado antes. Vale la pena. Esta llave es tan única como tus huellas dactilares. Y es tuya; es la designación específica de Dios y Su llamado para ti.

Aquí y ahora, al inicio de nuestro estudio bíblico sobre escuchar a Dios, comprométete a utilizar esta llave. Te prometo que Él te dará la oportunidad para hacerlo durante este estudio y en los días que le siguen. Escoge ahora mismo, antes de cualquier otra cosa, recibir esta llave y tomar con seriedad el privilegio de utilizarla.

Sé que requerirá valentía y tenacidad. Si decides tomarla con fuerza en tu mano, estarás haciéndolo con una fe segura de la bondad, los tiempos y la sabiduría de Dios. Sin embargo, aunque no tengas una claridad completa en cuanto a lo que Él puede pedirte que hagas o el lugar donde te pida que la utilices, ahora o en el futuro, decide de antemano decir «sí, Señor», seguro de que esta llave de obediencia desbloqueará todo don bueno y perfecto que el Padre ha planeado para ti.

Mira las cosas que encerraste hace un momento, cosas que te están impidiendo someterte a Dios en cada aspecto de tu vida (pág. 10). Ofrece cada una de esas cosas a Él a medida que avanzas en este estudio.

Luego, sé lo suficiente valiente para que el Señor te escudriñe más a profundidad. Pídele que revele cualquier lugar endurecido en ti que pueda estarte limitando de escuchar Su voz con claridad. Ríndete a Él en cada área donde sientas resistencia y dudas.

Hoy, estás tomando una decisión «clave» y crucial para poder experimentar lo que significa andar con confianza en Su voluntad. Anota aquí toda cosa que Él te haya dicho en tu tiempo de estudio hoy.

«Escudríñame, oh Jehová, y pruébame; examina mis íntimos pensamientos y mi corazón».
SALMOS 26:2

EL PLAN:

PARA HACER LA VOLUNTAD DE DIOS

«Sé que el Señor me está hablando cuando tengo una impresión durante la oración que es consistente con Su Palabra y que tiene el apoyo de consejos sabios».

—CHRISTINE CAINE

Obediencia puede ser una palabra intimidante. Dependiendo de nuestra educación y de otras influencias en nuestra vida temprana, puede evocar diferentes emociones. Para algunos, evoca pensamientos odiosos de regímenes duros y aparente sin sentido, con reglas y regulaciones asfixiantes y opresivas en lugar de libres y satisfactorias. Para otros, parece carente de intimidad y de relación por completo, como un intento que nunca es lo suficiente bueno para alcanzar un estándar. Y, para algunos de nosotros, la palabra misma se siente como una amenaza a nuestro deseo innato de independencia. Se rebela en contra de la esencia de nuestra autosuficiencia y autonomía.

En el párrafo anterior, subraya toda percepción sobre la obediencia que has sentido o experimentado antes.

¿Qué otros tipos de sentimientos característicos evoca de inmediato la palabra *obediencia* en tu mente o en tus emociones?

¿Qué cosas, personas o circunstancias de la vida han sido factores que han contribuido a este proceso de pensamiento?

La *obediencia*, al menos del tipo que requiere nuestro Dios bueno, amoroso y soberano, no es legalista ni carece de afecto. Aunque sí coloca barreras necesarias y obligaciones sobre nosotros, tales como: «Si alguno quiere venir en pos de mí, niéguese a sí mismo, y tome su cruz, y sígame» **(MAT. 16:24)**, cada parte de la instrucción que Él nos da surge de la ternura de Su corazón hacia nosotros y de Su deseo de conducirnos hacia lo mejor de nuestra vida. La obediencia no es un *no*; de hecho, es Su mejor *sí*. Se sumerge en océanos de gracia y nos lleva a la libertad, a la plenitud y a la salud. Nos abre Su ilimitada bendición y abundancia.

> En el párrafo anterior, subraya todo sentimiento sobre la obediencia que hayas visto que es verdad en tu experiencia.

La ironía de la obediencia es como una danza delicada de confianza. Puede requerir sacrificios reales de nuestra parte, al mismo tiempo que nos conduce de alguna manera hacia bendiciones y abundancia incomparables.

- Nos ata, aunque al mismo tiempo nos suelta.

- Nos atrapa y al mismo tiempo nos deja ir.

- Nos redirige, solo para reponernos y renovarnos.

- Nos restringe, pero de manera simultánea nos libera.

- Nos limita, pero también nos abre amplias posibilidades.

Sin nuestra rendición intencional a esto primero, nunca experimentaremos los beneficios de lo último, beneficios tan importantes que incluyen promesas tan increíbles que no podemos darnos el lujo de dejarlas al azar. Debemos planear y formar estrategias de manera intencionada para buscarlas, para buscar la obediencia. Si nos dejamos llevar por nuestras tendencias carnales hacia la rebelión, viviremos en un constante estado de resistencia hacia Dios y Sus caminos. Sin embargo, si *planeamos obedecer* (de manera literal), nos colocamos en una posición para poder escuchar cualquier día lo que Él quiere que hagamos y, entonces, Él nos bendecirá con el gozo sobrenatural que viene por seguirlo.

La obediencia no es un *no*; de hecho, es Su mejor *sí*.

«Si saben esto, serán felices si lo practican».
JUAN 13:17, NBLA

LAS REGLAS DE LA CASA

Mis tres hijos y yo tenemos una rutina por las mañanas. Tal vez tú también la tengas, ya sea que tengas hijos pequeños o adolescentes, o que tan solo estés intentando salir por la puerta en la mañana en una sola pieza. Para mi tribu, nuestro plan matutino típicamente consiste en tareas estratégicas que cada persona, o al menos alguien, es responsable de cumplir: hacer la cama, limpiar los baños, quitar los platos del lavavajillas, sacar la basura. Se entiende la idea.

Ahora, escucha, no estoy diciendo que no tengamos complicaciones cada día. No me pidas que lleve la ilustración demasiado lejos, a menos que estés dispuesto a venir a ayudarme a separar la ropa para lavar. Y estoy hablando de la ropa sudada y apestosa después de dos noches consecutivas de entrenamientos de básquetbol. Lo único que estoy tratando de decir es que no me invento una lista de quehaceres al azar. No es una expectativa aleatoria de que todo funcione todas las mañanas en la casa de los Shirer. Eso nunca funcionaría.

¿Sabes por qué lo sé? Porque lo he intentado antes. Y, créeme (o di conmigo un *amén* firme y confiado mientras asientas con la cabeza), esa es la receta para el caos y la frustración. Es por supuesto esencial seguir un plan que ha sido organizado de antemano si hemos de tener alguna esperanza de éxito. Necesito un plano que haya sido determinado, probado y adaptado de antemano para sortear los peligros, las luchas y las trampas. A pesar de mi propia afinidad para la espontaneidad y la impulsividad, aprendí hace mucho tiempo que nada, y sí, quiero decir *nada*, puede lograrse en mis mañanas sin un *plan*. Una operación espontánea y mal planeada invita a un completo desastre. Solo un compromiso predeterminado a un plan puede hacer (o, de nuevo, por lo menos hace *posible*) que nuestras mañanas no se salgan de control.

Detengámonos aquí y apliquemos esta misma lógica a algo mucho más importante que la salud mental de mamá en un día normal entre semana. Hablemos de esa *clave* que compartimos en nuestra conversación ayer, la clave de la obediencia que lleva a escuchar realmente a Dios y a ser capaces de vivir con la satisfacción pura de hacer Su voluntad. ¿Existe algo más importante que eso?

¿No?

Entonces, ¿cuál es tu *plan* para lograrlo?

No somos descuidados ni arbitrarios con muchas cosas que consideramos importantes en nuestra vida: nuestra salud, nuestro plan para el retiro, nuestro calendario mensual de citas. Inclusive, pedimos ayuda a otros para mantenernos al tanto de algunas de estas cosas; ¡hasta estamos dispuestos a pagar por esa ayuda! Así que, ¿qué hay de nuestro compromiso para alinearnos espiritualmente con el Dios del universo y con la manera en que Él quiere dirigir nuestro corazón? Si no ponemos en marcha una resolución y un curso estratégico de acción para seguirlo, estaremos básicamente dejándolo al azar, susceptible a los caprichos de nuestras circunstancias y sentimientos. Existe un tesoro eterno demasiado precioso en juego para hacer eso.

Ahora, no me creas a mí. Ve a la Palabra de *Dios* en busca de instrucción. En la historia del patriarca Abraham, encontramos tanto el valor como los resultados positivos de hacer *planes* para obedecer. (Comenzaremos a considerar la historia de Abraham hoy y continuaremos con ella el resto de la semana).

ES UN BUEN PLAN

> Lee Génesis 22:2-3 en el margen. Busca las siguientes palabras, luego llena los espacios en blanco con lo que el versículo indica que Abraham hizo en respuesta a la instrucción de Dios. («Enalbardó su asno», es el primero, por ejemplo).
>
> Enalbardó_____
>
> Tomó_____
>
> Cortó_____
>
> Fue_____

Los sacrificios del Antiguo Testamento eran bastante laboriosos. El proceso era en extremo detallado y demandaba muchísimo tiempo, sin mencionar lo sucio (a causa de la matanza y descuartizamiento que se llevaba a cabo). En cambio, cuando leemos una narración corta y concisa como la que vemos aquí en Génesis 22, las apariencias pueden ser engañosas. El breve resumen de la actividad de Abraham en el versículo 3, sin contar el tormento emocional que se evoca en el versículo 2, hace que todo el asunto parezca bastante sencillo.

«Y dijo [Dios]: Toma ahora tu hijo, tu único, Isaac, a quien amas, y vete a tierra de Moriah, y ofrécelo allí en holocausto sobre uno de los montes que yo te diré. Y Abraham se levantó muy de mañana, y enalbardó su asno, y tomó consigo dos siervos suyos, y a Isaac su hijo; y cortó leña para el holocausto, y se levantó, y fue al lugar que Dios le dijo».
GÉNESIS 22:2-3

Sin embargo, la designación que Jehová dio a Abraham no podía ser realizada al azar. Una espontaneidad descuidada no habría capacitado a Abraham para llevar a cabo su misión. Era una tarea demasiado ardua y meticulosa como para llevarla a cabo sin una preparación adecuada, estrategia, intencionalidad, rendición de cuentas y atención al detalle. Cada una de estas cosas era requerida para poder obedecer la instrucción de Dios.

Para cada palabra en la siguiente página, busca el versículo que la acompaña. Pide al Señor que te dé claridad en cuanto a cómo estos principios, detrás de cada uno de estos elementos, pueden volverse parte estratégica de tu plan de acción mientras buscas ser obediente a Su voluntad. Anota cualquier cosa que te parezca importante.

Preparación (Neh. 2:7-9, 13-15)

Estrategia (Ef. 6:11-13)

Rendición de cuentas (Ecl. 4:11-12)

Intencionalidad (Col. 3:1-2)

Atención al detalle (Dan. 1:8)

Considera los siguientes puntos relacionados con el plan de obediencia de Abraham.

1. PREPARACIÓN Y ESTRATEGIA: El viaje hasta el monte Moriah, en Jerusalén, tomaba *tres* días (ver Gén. 22:4). Esto significaba reunir suministros para acampar por las noches, así como apartar raciones para comida y bebida con el objetivo de sustentar al grupo durante su trayecto hasta el lugar del sacrificio.

2. RENDICIÓN DE CUENTAS: La elección de Abraham de llevar a dos siervos pudo haber sido para ayudar a cargar toda la madera necesaria para edificar el altar. Sin embargo, tal vez los llevó también por el compañerismo que le brindarían mientras llevaba a cabo esta difícil tarea.

3. INTENCIONALIDAD Y DEDICACIÓN: Junto con la madera, «él habría llevado pedazos ardientes de carbón y otras brasas en pequeños jarrones de barro y los habría cuidado durante el camino hasta que se necesitara encender el fuego».[3]

> En cada uno de estos datos anteriores, ¿qué observas en cuanto al compromiso de Abraham con la intencionalidad de su obediencia?

1.

2.

3.

¿Puedes ver cómo se rehusó a dejar las cosas al azar? Él no solamente *esperó* llevar a cabo las instrucciones de Dios. Él ejerció medidas para asegurarse de hacerlo: asegurarse de que llegaría a su destino, asegurarse de que contaba con los suministros necesarios para completar la tarea, asegurarse de tener a quién rendirle cuentas para que el trabajo se efectuara con precisión. En cada paso del camino, el plan de Abraham lo colocó en una posición para escuchar lo que Dios le diría o haría.

Ahora, tal vez no preferimos que nuestra obediencia se *sienta* así, pero así es como se *ve* la obediencia; es lo que la obediencia *hace*. Cuando Abraham puso en obra su confianza en Dios al planear obedecer lo que se le había indicado, su fe fue recompensada con la aparición de un animal sustitutorio y con la subsecuente salvación de su hijo Isaac.

Así que, ¿qué tal tú? ¿Qué tal yo?

¿Nos prepararemos, como Abraham, para ser obedientes a Dios?

- ¿Nos comprometeremos a alinear nuestras acciones y actitudes en la dirección de la obediencia?

- ¿Tomaremos las precauciones necesarias para eliminar a las personas o los pasatiempos que nos influencian hacia la desobediencia?

- ¿Fortificaremos nuestra determinación al rodearnos de manera intencional con influencias que nos animen hacia la piedad?

- ¿Nos humillaremos para rendir cuentas ante otros creyentes maduros que desean lo mejor para nosotros?

- ¿Nos comprometeremos a cambiar nuestras actitudes o acciones en el momento en que nos demos cuenta de que están fuera de línea de la voluntad de Dios?

- Si expresas: «Sí, lo haré», ¿qué tipo de planes te ayudarían a transformar esos deseos nobles en resoluciones reales, en especial en áreas de tu vida donde te ha sido más difícil obedecer?

Nuestra respuesta a estas preguntas determinará qué tanto están afinados nuestros oídos espirituales para escuchar a Dios.

Si no lo has hecho todavía, en la parte interior de la portada o de la contraportada de este libro, escribe una lista de circunstancias personales que te están aquejando. A medida que avanzas en este estudio bíblico, enfócate en esas circunstancias y en la manera en que Dios te está hablando al respecto.

Sin duda, Dios te dará nuevas instrucciones y abrirá tu mente a medida que caminamos juntos por estas páginas. La pregunta es: ¿qué puedes hacer hoy para establecer una estrategia para una vida de obediencia, de tal manera que, cuando Él te hable, tú estés ahí con planes listos para obedecer?

Aquí hay una sugerencia: Si estás llevando este estudio en el contexto de un grupo, toma ventaja de las relaciones que desarrollarás dentro de esta comunidad. Considera a cada persona como un socio en tu caminar de crecimiento espiritual y considérate tú un socio para ellos. Cada uno de ellos ha sido escogido por el Señor para ir por este camino contigo, al menos durante las semanas que compartirán el estudio. Sean intencionales y estratégicos en su compromiso de obedecer *juntos*. ¡En los números está la fuerza!

EL PRECIO:

PARA RECIBIR LO MEJOR DE DIOS

«Nuestro oído espiritual nunca será sensible a Su voz si estamos ya comprometidos a una agenda personal. Dios guía y habla a los humildes que han rendido sus planes y que quieren hacer Su voluntad. Con un "cielo abierto" y una voluntad rendida, tendremos la capacidad para escuchar con claridad la voz de Dios en nuestro corazón».

—JIM CYMBALA

Mi hijo, Jude, tenía apenas tres años el día que lo vi caminando en nuestro jardín con la mano atorada en un tarro de vidrio.

Yo había estado leyendo cerca, mirando de vez en cuando para asegurarme de que estuviera bien mientras jugaba con sus juguetes. El sonido de sus quejidos, sin embargo, me llamó la atención y lo que vi me dio curiosidad suficiente para investigar.

«Ven aquí, querido, ¿qué sucede?». Al acercarme, me dijo en su forma entrecortada de bebé lo que yo ya sabía: no podía sacar la mano del tarro. No obstante, hasta donde podía ver, la única razón por la que no podía era que tenía la mano cerrada en un puño. «Solo abre tu mano y podrás sacarla».

Ah, pero allí estaba el problema; adentro de ese puñito cerrado estaba una bellota que había visto en el fondo del tarro, un tesoro que no estaba dispuesto a soltar. Sin importar qué tan razonablemente intenté explicarle que podía sacar su mano y la bellota si tan solo me escuchaba, él se negó a soltarla. Pasó el resto de su hora de juego ese día caminando por el jardín, con el jarro firmemente atorado al final de su brazo.

¿Qué tanto pudo haberse divertido?

¿Sin embargo, quién de nosotros no ha hecho lo mismo? Todos somos propensos a aferrarnos con demasiada fuerza a nuestras propias ambiciones, relaciones, expectativas e incluso a nuestros éxitos, hasta mucho después de que Dios nos ha ordenado dejarlos ir. En el momento, soltarlos no tiene sentido. Dejarlos ir no parece una alternativa que valga la pena. Insistimos en llevarlos encima por un rato, incluso por toda una vida, sin importar cuánto nos limitan o sabotean los beneficios que podríamos estar disfrutando.

En cambio, escuchar a Dios y disfrutar de la libertad que viene de hacer lo que Él manda a menudo requiere que vaciemos nuestras manos y que confiemos en que Él las llenará con algo mejor. Y, si no hemos determinado de antemano nuestra lealtad, si no hemos preparado la estrategia, si no hemos pedido ayuda para rendir cuentas, todo en un compromiso determinado para obedecer, nuestras caprichosas emociones nos traicionarán y nos harán aferrarnos a cosas en rebelión y para nuestra comodidad personal, por miedo y por inseguridad. Nos perderemos de vivir en el «lugar espacioso» que Dios anhela para nosotros (2 SAM. 22:20).

Debemos estar dispuestos a pagar el precio que conduce a lo mejor que Él tiene para nosotros.

¿Existe un área en tu vida donde ahora mismo estás resistiéndote a obedecer por el precio que implica «dejarlo ir»? Anota el precio percibido a continuación.

DEJARLO IR

Ayer vimos la planeación de Abraham para obedecer las instrucciones de Dios. Lee Génesis 22:2-3 de nuevo hoy:

«Y dijo [Dios]: Toma ahora tu hijo, tu único, Isaac, a quien amas, y vete a tierra de Moriah, y ofrécelo allí en holocausto sobre uno de los montes que yo te diré. Y Abraham se levantó muy de mañana, y enalbardó su asno, y tomó consigo dos siervos suyos, y a Isaac su hijo; y cortó leña para el holocausto, y se levantó, y fue al lugar que Dios le dijo».
GÉNESIS 22:2-3

¡No hablemos sobre dejarlo ir! Considera los estragos emocionales que la instrucción de Dios provocó en Abraham. No estamos hablando de bellotas aquí. Bajo cualquier estándar, la instrucción de Dios era *atroz*, un golpe bajo directo al sensible corazón de un padre amoroso, sin mencionar la aparente contradicción a las propias promesas de Jehová.

Estoy seguro de que has leído y escuchado lo suficiente de esta historia para estar familiarizado con las irracionalidades implicadas por lo que Dios estaba diciendo. Él le había prometido a Abraham una gran nación de su descendencia. Y ahora, parecía que le estaba pidiendo, no solo sacrificar a su hijo amado, sino también el futuro que Dios había prometido. ¿Una nueva nación? ¿Descendientes tan numerosos como las estrellas en el firmamento? Es un poco imposible sin Isaac, ¿no? Y, no obstante, Abraham había escuchado con claridad lo que parecía un mandamiento irracional e inimaginable de parte de Dios: *¡Déjalo ir!*

¿Qué puede *hacer* una persona con eso? ¿Con una misión impensable? Nadie habría culpado a Abraham por huir. El precio por obedecer parecía alto de manera excesiva. Por supuesto, todos conocemos bien la historia de Abraham y nuestra propia historia aún mejor, lo que me lleva a preguntarte (y a mí también):

> ¿Cómo ha sido similar o diferente tu respuesta a Dios, en lo que sea que Él te esté pidiendo que sueltes, comparado con la reacción de Abraham al principio del versículo 3?

Tal vez, una razón por la que Abraham pudo hacer lo impensable fue porque la obediencia costosa no era nueva para él. El concepto de «dejarlo ir» se había convertido en una experiencia continua en su relación con el Señor. Considera su historial:

Ve a Génesis 12:1-3 y responde las siguientes preguntas.
1.   ¿Cuál fue la instrucción de Jehová?

2.   ¿Qué tendría que «dejar ir» Abraham para obedecer?

3. Si Abraham se sometía a la instrucción de Dios, ¿cuál era el resultado prometido?

Es verdad; casi desde el momento en que conocemos a Abraham hasta el final, todo lo que Dios le pidió pareció requerir un precio radical: su hogar, su familia, su herencia, su comodidad. Y, sin embargo, Abraham estuvo dispuesto a pagarlo. Hubo situaciones en las que pudo fácilmente haber respondido con un vehemente *no*, pero respondió con un valiente *sí*. Su posición estaba definida. Su brújula estaba apuntando hacia los propósitos de Dios. *Sin importar el precio*. Tal vez no le encantaba todo lo que Dios le ordenaba, pero algo es seguro:

Él estaba escuchando a Dios.

Ya que no permitió que el costo lo asustara y lo tornara a la desobediencia, Abraham recibió los asombrosos beneficios de la gracia de Dios; no solo milagros personales increíbles, sino también un fundamento firme para el inicio de una nueva nación con fuertes bases en la confianza y la fe en Dios como *Jehová-Jireh*, «Jehová proveerá» (**GÉN. 22:14**).

RIESGOS Y RECOMPENSAS

La obediencia costosa de Abraham dio como resultado abundantes bendiciones, no solo las que lo sostuvieron a él y a su familia durante los siguientes años, sino también las que se extienden a ti y a mí tantos milenios más tarde. Entre las lecciones más claras está una que todos los que queremos escuchar a Dios tenemos que aprender.

Espera pagar un precio.

Solo una teología errante y equivocada presentaría ramos de rosas por completo sin espinas, porque, escucha, tu compromiso con Dios implica sacrificios. Y, sin embargo, generación a generación, de un fiel seguidor a otro, los testimonios se convierten en montañas de evidencias indisputables: los beneficios son mucho mayores que los costos. Creer esta verdad es esencial.

«Pues tengo por cierto que las aflicciones del tiempo presente no son comparables con la gloria venidera que en nosotros ha de manifestarse».
ROMANOS 8:18

Cuando nos negamos a seguir la instrucción de Dios, por lo general es porque estamos convencidos de que lo que Él nos pide que soltemos es mayor que lo que obtendremos.

Si obedecemos, veremos algunos de estos beneficios de manera física, visible y tangible en la tierra, mientras que otros beneficios serán reservados para nosotros como tesoros y recompensas en el cielo. Sin embargo, sin importar si es aquí o allá, ahora o después, los beneficios y las bendiciones de Dios siempre serán mucho más valiosas que cualquier cosa de la que tengamos tanta resistencia para soltar. Pregúntale a Abraham y a tantos otros; o, tan solo, pregúntate a ti mismo.

Nombra algunas bendiciones claras que puedes rastrear hasta una decisión de obediencia que tomaste, incluso cuando pareció ser costosa en ese momento.

En nuestra desobediencia, nos perdemos de las bendiciones de Dios, invitamos Su disciplina necesaria y rompemos la intimidad que permite que nuestros oídos espirituales escuchen lo que Él nos está diciendo.

Si tan solo entendiéramos las ventajas que estamos obteniendo en el intercambio.

Busca al menos dos de los siguientes ejemplos y resume el costo de la obediencia para cada individuo.

Ester (Est. 4:14-17)

Los discípulos (Luc. 18:28-30)

Pablo (Fil. 3:4-11)

Jesús (Fil. 2:8-10)

Todos tenemos que abandonar algo para poder recibir lo mejor de Dios para nosotros. Y, cuando lo hacemos, igual que Pablo llegamos a conocer a Cristo «y el poder de su resurrección», aun cuando «[participamos] de sus padecimientos, llegando a ser semejante[s] a él en su muerte» **(FIL. 3:10)**.

Tal como Ester, eventualmente veremos días de «luz y alegría, y gozo y honra» **(EST. 8:16)**.

Al igual que los discípulos de Jesús, experimentaremos la promesa de Jesús para ellos: «De cierto os digo, que no hay nadie que haya dejado casa, o padres, o hermanos, o mujer, o hijos, por el reino de Dios, que no haya de recibir mucho más en este tiempo, y en el siglo venidero la vida eterna» **(LUC. 18:29-30)**.

A medida que te adentras en este estudio, ¿qué modificaciones sospechas que necesitarás hacer en las siguientes áreas para ser obediente a las instrucciones de Dios?

Ambiciones:

Creencias:

Expectativas:

Relaciones:

Tradiciones:

Otras:

¿Cuál de estas consideras que podría costarte más? ¿Un precio que, en algún momento, no estuviste dispuesto a pagar?

EL MOMENTO:

PARA RESPONDER A LA VOZ DE DIOS

¿Alguna vez has conocido a alguien cuya relación con Dios es tan plena y robusta y real que su vida parece más como un incendio forestal que como una religión silenciosa y contenida? *Yo sí.* A lo largo de los años, me he cruzado con muchas personas cuya pasión por Dios y optimismo continuo hacia la vida con Él han conmovido mi corazón.

Me fascinan estos individuos que son radicalmente únicos, incluso entre otros cristianos que conozco. Tan solo hay algo más profundo y sustancial en su caminar que en el del resto de nosotros. Tienen una determinación firme, inconmovible en Dios y sus experiencias con Él son tan asombrosas como hermosas.

Cuando conozco gente así, cuyo fuego espiritual enciende el mío, siempre me tomo el tiempo de preguntarles qué identificarían como la razón principal detrás de su fervor continuo. Y, sin falta, sus respuestas son notablemente similares. (Siempre me hace preguntarme: si el secreto es en realidad tan evidente, ¿por qué no hacemos todos lo mismo?). Este es el tema que se repite: *su caminar con Dios no depende ante todo de su conocimiento, sino de la experiencia de una relación.* Estas personas se dedican a estudiar la Biblia, sí, pero también se dedican a alinear su estilo de vida con ella. El conocimiento que adquieren al sumergirse en las profundidades de la Escritura solo les abre el apetito para conocer a su Autor de manera más íntima y para verlo trabajar en los ritmos regulares de su vida diaria.

En respuesta a mi pregunta, una persona hizo una afirmación que resume todo lo que he escuchado a otros decir sobre el tema. «Decidí hace mucho tiempo —dijo ella—, que la única respuesta apropiada a Dios es mi obediencia completa e inmediata. Estoy comprometida a obedecer Su dirección sin importar qué tan absurda, difícil o poco popular me parezca. Si Él lo proclama, yo lo hago. De inmediato».

¿Quieres escuchar la voz de Dios? ¿En serio? Deja que la respuesta de esta mujer se convierta en el latido de tu corazón. Porque esto... *esto* es lo que separa la pasión y el fervor de la crítica y el escepticismo.

Esto es lo que separa a los que conocen *de* Dios de los que, de hecho, lo experimentan, lo encuentran y escuchan Su voz. Cuando el Espíritu dirige, ellos prestan atención y lo siguen.

La obediencia inmediata crea el margen necesario para que Dios invada nuestra vida diaria, despierte la actividad sobrenatural, provoque que nuestro corazón palpite con emoción y nos arruine para el «ritual de la iglesia» de siempre. Ver a Dios, oír Su voz, sentir Su presencia cerca y verlo trabajar por medio de nosotros hará que nuestra obediencia valga la pena.

> La única respuesta apropiada al escuchar a Dios hablando es: «Sí, Señor».

INMEDIATEZ

Regresemos nuestra atención a Abraham. Él parecía entender la bendición no solo de la obediencia, sino de la obediencia *inmediata*. Él conocía la importancia de responder a Dios sin demorarse. Sabía que había bendiciones en un estilo de vida de obediencia precisa y veloz.

Cuando el Señor le dijo a Abraham que dejara su tierra, sin darle más información en cuanto a su destino, él obedeció de manera inmediata con solo la palabra de Dios como garantía (Heb. 11:8). En otra ocasión, cuando Dios le instruyó circuncidar a cada varón en su casa, Abraham lo hizo ese mismo día (Gén. 17:10-14, 22-23).

> «Si me amáis, guardad mis mandamientos».
> JUAN 14:15

Ahora bien, Abraham no era perfecto, ¿de acuerdo? La Biblia es lo suficiente honesta como para revelar varios de sus defectos de carácter, algunos bastante graves. De hecho, Génesis 15:6 expone que la «justicia» de Abraham vino del mismo lugar que la nuestra: «creyó a Jehová». (Tal vez recuerdes leer sobre esto en el Nuevo Testamento; Pablo a menudo hace referencia a la historia de Abraham en sus cartas). Abraham era fiel, no perfecto.

> «Y Abraham se levantó muy de mañana...».
> GÉNESIS 22:3

Sin embargo, Abraham era bueno en obedecer de manera inmediata. Él hacía de manera consistente lo que Dios decía, sin demora.

En el pasaje que hemos estado estudiando esta semana (Gén. 22:2-3), ¿cómo siguió Abraham un patrón de obediencia inmediata?

¿El carnero aún se habría hallado en el zarzal si Abraham hubiera retrasado su obediencia? Nadie puede saberlo con certeza. No obstante, considera el cruce coordinado con perfección del carnero y de Abraham en la cima del monte.

¿Qué nos enseñan las acciones de Abraham sobre lo siguiente?
1. Su actitud interna de obediencia a Dios.

2. Su presteza para hacer ajustes rápidos.

3. Su falta de preocupación por las opiniones contrarias.

Colócate en los zapatos de Abraham. ¿Cómo pudo haber sido diferente tu respuesta de la de él, en especial si consideras el peso de las instrucciones de Dios?

Cuando el Señor me da instrucciones que no me gustan del todo, a veces hasta el punto de que tengo temor de cumplirlas, lo último que quiero hacer es levantarme «muy de mañana» para comenzar a ponerlas por obra. Por lo general, es más fácil hacer cualquier otra cosa menos lo que Dios nos ha ordenado. En cambio, a menudo lo que hago es pensar en ello, orar por ello o hablar con mi esposo y amigos de ello. A veces, incluso intento ignorarlo. Puedo pensar en ocasiones, por ejemplo, cuando el Espíritu Santo me ha dado convicción de levantarme y salir de una película o alejarme de una conversación que se ha vuelto poco sana. Él me ha dicho que cierre un libro que, aunque intrigante, bien escrito, e incluso tal vez recomendado como una historia apasionante que no puedes dejar de leer, está comenzando a mostrar signos de conducirme hacia lugares donde no debería ir. Sin embargo, con demasiada frecuencia, mi obediencia no es tan rápida como debería. ¿Qué tal la tuya?

Abraham no se esperó un par de días ni de semanas para confirmar que Dios estaba seguro de lo que quería que él hiciera. Él obedeció al Señor de manera instantánea y sin cuestionamientos, a pesar de haber recibido instrucciones increíblemente difíciles.

¿Te ha dado el Señor esta semana instrucciones que has sido lento en obedecer? Si es así, ¿cuáles fueron esas instrucciones?

¿Cuál fue la razón de tu retraso? ¿Qué te convenció de no actuar en respuesta? ¿Qué tipo de argumentos has estado escuchando y en cuáles has estado confiando?

La obediencia demorada es desobediencia.

Y la desobediencia siempre tiene consecuencias.

Encontramos otra ilustración de esta verdad en Números 13–14: el relato de un evento en la relación de Jehová con los descendientes de Abraham (los hijos de Israel). Después de ser liberados del gobierno de Faraón, los hebreos vagaron por el territorio arenoso y desolado de la península del Sinaí. Por último, Dios los instruyó a que enviaran espías a la tierra prometida para inspeccionar el territorio que Él planeaba darles.

Ahora, tengamos clara la misión. No estaban siendo enviados para determinar si el pueblo debía o no tomar la tierra. Era más como un viaje de exploración, una vista previa de las atracciones venideras que Dios ya les había prometido. Sin embargo, los habitantes de la tierra y los problemas potenciales por ocuparla instigaron temor en el corazón de los espías, temor que se esparció como fuego por el resto de la nación. Excepto por dos hombres fuertes y llenos de fe, Josué y Caleb, el resto del pueblo de Dios decidió *no* hacer lo que Dios les había ordenado, *no* reclamar lo que Dios les había entregado. De hecho, estaban tan asustados que querían regresar a Egipto (Núm. 14:1-4).

La ira de Dios se encendió en contra de Su pueblo amado porque habían rehusado confiar en Él a pesar de todo lo que Él había logrado a favor de ellos. Esa ira abrió los ojos de ellos a las consecuencias de no obedecerlo. Por no responder con obediencia inmediata, se quitaron a sí mismos la oportunidad de tomar la tierra en ese momento.

Lee las acciones del pueblo y la respuesta de Dios en Números 14:39-45. Anota tus observaciones.

¿Las acciones de Israel de alguna manera reflejan las tuyas ahora mismo?

¿Cómo puedes cambiar de manera proactiva tu respuesta hacia Dios en esta área de tu vida, de tal modo que lo obedezcas de inmediato?

DEMORA

Me fascina la explicación de Pablo de la armadura de Dios en Efesios 6. Este pasaje no solo me dio entendimiento sobre las armas defensivas a mi disposición para ayudarme a estar firme, sino que también resaltó las tácticas que usa nuestro enemigo común para evitar que yo (y que todos nosotros) experimente la victoria.

Ve a Efesios 6:14 e identifica la segunda pieza de la armadura que aquí se describe.

¿Cómo definirías la virtud espiritual que corresponde con esta pieza de la armadura?

Si la *justicia*, vivir de manera justa, provee un mecanismo defensivo en contra de un ataque demoníaco frontal (y sí lo hace), entonces la meta de tu enemigo siempre será desviarte hacia un *mal vivir* (y sí lo hará). Él utilizará cualquier tentación que pueda colocar en tu camino para persuadirte a la desobediencia y la rebelión. Él te quiere expuesto, sin la coraza puesta, tu vida vulnerable y abierta a cualquier amenaza y conspiración asesina que tenga planeadas.

Y, si no puede hacer que *desobedezcas*, al menos intentará convencerte de que te *demores*. El enemigo sabe que, cuando nosotros como creyentes alineamos nuestra vida con Dios por medio de una obediencia directa, tenemos una herramienta de defensa clara contra él, la coraza de justicia. Y, ya que esta pieza de armadura siempre será demasiado fuerte para que Satanás pueda infiltrarla, él conspira para que la dejemos por ahí tirada en casa, que nos la quitemos el fin de semana, o cualquier cosa con tal de que no nos la pongamos durante tanto tiempo como sea posible: horas, días, semanas, meses, años, *una vida entera*.

Regresa a la primera lección de esta semana y mira las cosas que encerraste en la página 10 que te han impedido obedecer a Dios en el pasado. Escribe las más frecuentes a continuación.

¿Cómo puedes detectar con claridad cuando el enemigo esté conspirando en tu contra, tal vez con esta arma específica para retrasar tu obediencia?

No estoy diciendo que el enemigo sea la única razón detrás de las cosas con que batallamos. (No siempre es así; a veces solo somos nosotros). Sin embargo, cuando sospecho que puede ser el causante, no sé tú, pero a mí me provoca una indignación santa en mi interior. Me hace querer mantenerme firme y no permitirle que me robe lo mejor de Dios para mí. A veces, él ni siquiera tiene que tomarlo por fuerza; yo simplemente se lo entrego.

Bien, no más.

Tengo la coraza puesta. Estoy firme en mi resolución.

Honraré la Palabra de Dios de inmediato al negarme a que la procrastinación me impida desviar los ataques del enemigo. Quiero recibir todos los beneficios que recibe una persona cuya vida honra a Dios.

¿Hagamos este compromiso juntos, de acuerdo?

La obediencia demorada es desobediencia y nos deja expuestos a los ataques del enemigo.

Si el enemigo no puede hacer que *desobedezcas*, al menos intentará convencerte de que te *demores*.

EL QUINTO DÍA

«Dios todopoderoso, en esta hora de silencio busco comunión contigo. Quiero alejarme de las preocupaciones y del estrés del trabajo de hoy, de los sonidos alarmantes del mundo, del amor al hombre y de culparlos también, de los pensamientos confundidos y las fantasías de mi propio corazón y, en cambio, buscar la quietud de tu presencia».[4]

—JOHN BAILLIE

Tengo una petición de oración permanente que con frecuencia aparece en mis conversaciones con Dios. Sin importar los detalles específicos que estoy verbalizando, siempre parezco terminar aquí:

«Señor, revélate a mí».

Más que nada de lo que define o caracteriza mis circunstancias, quiero escuchar Su voz, detectar Su huella dactilar en mi vida y verlo moverse en medio de todo. Sin importar cuántas veces haga esta petición en oración, sin importar cuántas combinaciones diferentes de palabras utilice, la respuesta de Dios siempre hace eco en este versículo:

La definición de la palabra original en griego en Juan 14:21 que se traduce «manifestaré» significa «exhibir, aparecer en persona, declarar».[5]

«El que tiene mis mandamientos, y los guarda, ese es el que me ama [de verdad]; y el que me ama [de verdad], será amado por mi Padre, y yo [también] le amaré, y me manifestaré [me revelaré, me mostraré] a él».
JUAN 14:21

En otras palabras, Él me habla: *Priscilla, ¿de verdad quieres verme? Entonces ocúpate en obedecerme de manera radical.* Su Palabra nos expresa que debemos planearlo. Planear obedecer. Sin importar el costo aparente. Y no esperar ni un segundo más antes de comenzar. Por más anticuado que suene al principio, lo que hacemos en preparación *antes* de escuchar a Dios es tan importante como la manera en que escogemos responder *después* de escucharlo. Dios no habla solo para ser escuchado; Él habla para ser obedecido.

Así que hoy, el quinto día, no voy a pedirte que mires versículos. Solo te voy a pedir que mires *hacia arriba*. Hacia Él. Utiliza este tiempo para buscarlo a Él (y para tratar de escucharlo a Él) como una oportunidad para comprometerte a una obediencia sin pretextos y proactiva, incluso antes de que Él diga una sola palabra.

Revisa de nuevo esta primera semana de estudio y busca las cosas que has resaltado, anotado o subrayado. Lee algunas de las respuestas que has dado a las preguntas que te he hecho. Tal vez quieras releer algunos de los pasajes que has estudiado y que quisieras pasar un poco más de tiempo aprendiendo. En general, tan solo reflexiona en las cosas poderosas que has escuchado a Dios hablar en Su Palabra y mediante Su Espíritu a *tu* espíritu.

Luego, descansa en Él un momento. Sumérgete en lo que te ha llevado a aprender y a poner por obra. A medida que interactúas con Él en oración, en este quinto día menos estructurado, haz lo que prefieres hacer cuando quieres asegurarte de recordar algo importante. Haz un diario. Anótalo. Dibújalo. Escribe una canción o un poema sobre eso.

Este es tu día para escuchar. Cuando te levantes de aquí, es tiempo de obedecer lo que Él te está mostrando.

_____

_____

_____

_____

_____

_____

_____

_____

UNA ACTITUD PROACTIVA DE OBEDIENCIA

RESUMEN

UNA VEZ QUE HAS TERMINADO TU ESTUDIO DE LA SEMANA, COMPLETA LAS FRASES A CONTINUACIÓN Y REFLEXIONA SOBRE CADA UNA DE ELLAS.

- *Escuchar a Dios comienza con un compromiso a obedecer con* _____.

- *Dios no malgastará Sus palabras en aquellos que no están dispuestos a* _____.

- *La _____ no solo es la respuesta apropiada a la voz de Dios, también es la _____ que desbloquea todas las bendiciones que Dios planeó para nosotros y la línea de _____ entre nosotros y Él.*

- *Tú y yo tenemos una voluntad propia. Nuestro problema viene de no _____ esa voluntad a la voluntad superior del _____.*

- *En última instancia, la sumisión nos coloca directamente en el centro de la _____ de Dios y nos da la oportunidad de experimentar lo _____ que podríamos imaginar.*

- *Los _____ de la obediencia son mucho mayores que los _____.*

- *Cuando nos negamos a seguir la _____ de Dios, normalmente es porque estamos convencidos de que lo que Él nos pide que _____ es mayor que lo que _____.*

- *La obediencia _____ es desobediencia. Y la _____ siempre tiene _____.*

- *Si el enemigo no puede hacer que _____, al menos intentará convencerte de que te _____.*

- *¿De verdad quieres ver a Dios? Entonces ocúpate en obedecerlo de manera _____.*

OBEDIENCIA DETECTADA
por el doctor Tony Evans

En nuestra iglesia en Dallas, instalamos luces con detector de movimiento para reducir el desperdicio de electricidad cuando se queda una luz encendida sin razón alguna. Ahora, cuando alguien entra a una habitación, las luces se encienden; cuando una persona o un grupo sale, las luces se apagan.

Así es también con nuestro Dios. Tal como el movimiento provoca que la presencia y el poder de las luces se manifiesten, la obediencia activará la presencia y el poder de Dios en nuestra vida diaria. Él está listo para revelar más luz de Su voluntad a todo aquel que detecte en movimiento obediente.

Jesús dejó clara la relación directa entre la obediencia a Dios y la comunicación con Él cuando dijo: «El que me ama, mi palabra guardará; y mi Padre le amará, y vendremos a él, y haremos morada con él» (JUAN 14:23). Obedecer Su Palabra nos lleva a una relación cercana. No solo nos acerca al Padre y al Hijo, sino que también libera al Espíritu Santo para comunicarse con nosotros (v. 26). Por tanto, toda la Trinidad participa en hablar a todo creyente que hace de la obediencia su prioridad; la obediencia que es motivada por amor al Señor.

La meta del amor es la obediencia. Mientras más amas a alguien, más quieres agradarlo. Mientras más quieres agradarlo, más íntima se vuelve la relación. Mientras más íntima sea la relación, más libre se siente la persona para hablar contigo. El legalismo (cuando la gente obedece solo por fuera o por amenaza, por temor o por obligación) nunca funciona. Nunca conduce al nivel más alto de escuchar a Dios. La comunicación es un tema relacional en el que el amor es el motor de nuestra obediencia.

Aquí hay otra ilustración para hacerlo más personal: Una mujer estaba casada con un hombre que le dio una lista de veinticinco cosas que él esperaba que ella cumpliera como su esposa. Él a menudo revisaba la lista para ver si estaba cumpliendo las expectativas. Sin embargo, los dos casi nunca hablaban ni se sentían cerca el uno del otro porque su relación estaba basada principalmente en reglas. Después de un tiempo, el hombre falleció. Más o menos un año después, la viuda se enamoró y se casó con otro hombre. Un día, mientras limpiaba la casa, abrió un cajón y se encontró con la lista de tareas que su primer esposo le había dado, tareas que alguna vez odió. Ver la lista de nuevo trajo una sonrisa a sus labios. Ahora, ella estaba cumpliendo la lista entera para su nuevo marido, y estaba disfrutando de cada momento. Ahora, ella estaba obedeciendo por amor, no por deber, y el resultado fue una relación en la que lo compartían todo.

Mientras más nos alejemos de Dios, tanto en amor como en un estilo de vida obediente, menos lo escucharemos. Acercarse, amarlo y obedecerlo invita a la intimidad de escuchar Su voz.

El Espiritu Santo

transformado

DÍA UNO
ESCONDIDO A PLENA VISTA

«Dios da a conocer Sus deseos a aquellos que se detienen en Su Palabra para escudriñarla con un espíritu sensible y que escuchan a otros. Cuando vamos a Su Palabra, nos detenemos durante suficiente tiempo para escuchar de lo alto. Cuando miramos, examinamos las circunstancias a nuestro alrededor a la luz de lo que Él manifiesta a nuestro espíritu interior (quizás prefieras llamar a esto tu consciencia). Y, cuando escuchamos a otros, buscamos el consejo de personas sabias y calificadas».[1]

—CHARLES R. SWINDOLL

Mi padre siempre fue bastante juguetón. A menudo nos agarraba, nos lanzaba a la cama y nos hacía cosquillas en las costillas hasta que no podíamos ni respirar de la risa y pedíamos piedad a gritos.

En el otoño, cuando amontonaba hojas, siempre formaba un montón especial con el único objetivo de que pudiéramos disfrutar de saltar y hundirnos entre ellas; a menudo él también saltaba y se hundía con nosotros.

Luego jugábamos a las escondidas.

Él nunca fue creativo para esconderse. Siempre podíamos encontrarlo con facilidad. Nunca era silencioso ni se ocultaba bien, de tal manera que no teníamos que esforzarnos demasiado para encontrarlo. «¡Papá, podemos verte!», gritábamos a la primera señal de un pie o de una camisa que salía detrás de algún mueble. «¡Eres pésimo para esconderte!». Él se reía, dejaba que lo encontráramos y luego nos volvía a hacer cosquillas en el piso.

Ahora que soy madre y tengo hijos propios, me doy cuenta de lo que mi dulce papá estaba haciendo. Puedo entender por qué seleccionaba «escondites» tan prominentes y dejaba pistas y rastros de su ubicación. No se estaba escondiendo *de* nosotros para intentar frustrarnos o confundirnos; se escondía *para* nosotros, para darnos las gozosas bendiciones del descubrimiento.

Tu Padre *celestial* también hace esto. Él te ama tan profundo que, incluso cuando parece ser evasivo o estar distante, no lo está. Su afecto por ti lo mueve a dejar rastros de Su santidad y fidelidad para ayudarte a que llegues hasta Él. Puedes estar seguro de que te mostrará destellos de sí mismo que te marcarán para siempre.

Él quiere ser descubierto.

ÉL HABLA

A lo largo de la Biblia, Dios siempre se aseguró de que Sus hijos pudieran descubrirlo y conocer Su voluntad. Él fue amoroso e intencional al respecto; deliberadamente estratégico. Aunque Su principal método de comunicación ha cambiado entre épocas, Su propósito no lo ha hecho.

El principal _____ que Dios utiliza para hablar a Sus hijos ha cambiado, pero Su _____ no lo ha hecho.

¿Cómo podrías resumir la meta de Dios al hablar a Sus hijos?

La meta de nuestro Padre siempre ha sido revelarse a sí mismo en cada época. En cada período, Él ha elegido el mejor método de comunicación para facilitar Su propósito glorioso. Las personas en el Antiguo Testamento dependían de profetas, de señales, de visiones y de otros factores externos. Con la venida de Jesucristo, seguido de la del Espíritu Santo, la principal manera de hablar de Dios ha cambiado en los tiempos del Nuevo Testamento.

En el párrafo anterior, subraya algunas de las principales maneras en las que Dios habló en el Antiguo Testamento.

A continuación, encontrarás ejemplos específicos de momentos cuando Dios se reveló a sí mismo y Su plan en el Antiguo Testamento:
- Ángeles (Dan. 8:15)
- Una zarza ardiente (Ex. 3:4)
- La suerte (Jon. 1:7)
- Una nube (Ex. 13:21)

«Pedid, y se os dará; buscad, y hallaréis; llamad, y se os abrirá».
MATEO 7:7

- Sueños y visiones (Núm. 12:6)
- Fuego (Deut. 5:25)
- Escritura en la pared (Dan. 5:5)
- Teofanía* (Jue. 6:12)
- Urim y Tumim (Ex. 28:30)
- Señales visibles (Jue. 6:40)

Abre tu Biblia en Hebreos 1:1-4. Léelo con detenimiento. A continuación, anota la principal manera en que Dios escogió hablar después de los Evangelios.

Ahora, lee Juan 16:13 y Romanos 8:14 en el margen. ¿Cuál sugieren estos versículos que es la principal manera en que Dios comenzó a hablar a Su pueblo desde el Libro de los Hechos hasta el presente?

> «Pero cuando venga el Espíritu de verdad, él os guiará a toda la verdad; porque no hablará por su propia cuenta, sino que hablará todo lo que oyere, y os hará saber las cosas que habrán de venir».
> **JUAN 16:13**

Ah, el Espíritu Santo.

En el Antiguo Testamento, el Espíritu Santo solo era dado a personas específicas durante un período específico con el objetivo de lograr tareas específicas; esto también es conocido como *morada selectiva*. Los seguidores de Dios en el Antiguo Testamento necesitaban elementos externos como el método principal para escuchar de Él (profetas, visiones, etc.) porque no contaban con un acceso continuo al Espíritu Santo.

> «Porque todos los que son guiados por el Espíritu de Dios, estos son hijos de Dios».
> **ROMANOS 8:14**

Piensa en Saúl, cuyos caminos descendentes como el primer rey de Israel fueron marcados por el escalofriante versículo que afirma: «El Espíritu de Jehová se apartó de Saúl…» **(1 SAM. 16:14)**. Recuerda a Sansón, despojado de su cabellera, que pensó que podía vencer a sus enemigos como siempre lo había hecho antes, «… pero él no sabía que Jehová ya se había apartado de él» **(JUE. 16:20)**. Recuerda a David suplicando a Dios por perdón después de su adulterio y asesinato, pidiendo a Dios: «… no quites de mí tu santo Espíritu» **(SAL. 51:11)**. El pueblo de Dios en el Antiguo Testamento habría dado su brazo izquierdo por el acceso ilimitado y de por vida al Espíritu Santo que los creyentes de esta época disfrutamos.

*«Teofanía» se refiere a momentos en la Biblia cuando Dios mismo apareció en una manifestación física.

¿Cómo describe Juan 14:16 nuestra relación con el Espíritu de Dios? ¿Cómo es distinta de la de los creyentes del Antiguo Testamento?

¿Cómo confirma Efesios 1:13-14 la presencia constante del Espíritu Santo en los que han sido redimidos?

Acceso directo y personal a Dios. No selectivo, no intermitente; interno y permanente. Él te ama de manera tan radical, con tanta gracia, que te ha dado la promesa de Su presencia. El acceso al Espíritu Santo no es una alternativa inferior a los profetas, señales, visiones y milagros. Es mejor; es asombroso.

Observa esto: Las personas en el Antiguo Testamento no tenían dudas de que Dios les había hablado. Ellos no estaban confundidos sobre lo que Él les estaba pidiendo que hicieran. La intención del Padre sigue siendo la misma hoy. Él no se está escondiendo de ti ahora, así como tampoco se escondía de ellos.

Admito que a menudo he sentido que Dios se está escondiendo de mí. Me parece que, si en realidad deseara ser escuchado, sería más evidente y claro. Es decir, Él es, después de todo, *Dios*. Él puede hacer lo que Él quiera. Cuando he sentido necesidad de escucharlo, a veces he tenido el deseo secreto (e incluso he orado) por una señal visible, como la nube que guio a los hijos de Israel de día y como la columna de fuego por la noche. Quiero que una paloma descienda de manera sobrenatural de los cielos en un momento determinado, digamos, el martes, para indicar Su respuesta de manera exacta. Las señales físicas parecían ser la manera más inconfundible para conocer la voz de Dios.

Y, en cambio, ¡qué triste! No vi ninguna paloma. No cayeron rayos del cielo. ¿Por qué? Porque Él ya había dado un medio bastante superior para que participemos en nuestra relación con Él que el que nuestros antepasados experimentaron. Él se ha dado a sí mismo a nosotros, *de manera permanente e interna*, en la Persona del Espíritu Santo.

Si has llegado a este estudio desanimado porque Dios siempre te parece difícil de escuchar, recuerda su intención. Confía en Su corazón. Él no se está escondiendo *de* ti. Se está escondiendo *para* ti. Está dejándote rastros de Su gloria y destellos de Su gracia como migajas de pan para que puedas seguirlos. Recuerda, incluso las migajas son importantes y tienen el objetivo de alimentarte según lo necesites. Buscar no es inútil, sino parte valiosa del camino. El proceso mismo es la manera en que Dios puede hablarnos y, de hecho, lo hace para que maduremos, para moldearnos y fortalecernos para Sus propósitos.

Dialoga con tu grupo y considera cómo la necesidad de señales externas puede corresponder a una fe débil. Por el contrario, considera cómo el crecimiento espiritual y la madurez conducen a una confianza más profunda en el testimonio interno del Espíritu Santo. Los siguientes pasajes ayudarán a facilitar tu conversación.
* Juan 20:26-29
* Hebreos 2:3
* 2 Pedro 1:16-19

SEÑALES Y PRODIGIOS

Que quede claro: Nuestro Dios sigue obrando milagros y se manifiesta de maneras tangibles cuando así lo desea. Él hace señales y prodigios incluso en este tiempo. Todavía actúa de maneras inusuales y sobrenaturales cuando quiere hacerlo.

No digo esto basada únicamente en testimonios que he escuchado de otros. Yo misma he visto evidencias que literalmente me han dejado con la boca abierta.

Sin embargo, escuchar a Dios por lo general no sucede en maneras milagrosas y visibles. Por ejemplo, nunca he escuchado una voz audible ni a un asno abrir su hocico peludo y hablar en mi idioma (¡gracias a Dios!). No obstante, no soy lo suficiente arrogante para decirte que Dios *nunca* lo haría. No estoy dispuesta a permitir que mi experiencia represente la medida completa de lo que Él es capaz de hacer. Solo Él puede elegir cómo y cuándo hablarnos. En cualquier área de teología, a menos que la Escritura de manera clara enseñe lo contrario, debemos dar espacio para que Dios sea Dios.

En cambio, cuando Él sí elige hablar de maneras *sensacionales* hoy en día, puedo decir con suficiente certeza basada en la autoridad de

Su Palabra que esto no representará un fundamento para escuchar a Dios, sino como confirmación de la guía del Espíritu Santo y del mensaje de la Escritura.

Subraya las dos palabras resaltadas en el último párrafo. Describe la diferencia entre las dos.

¿Por qué piensas que es crucial mantener la distinción entre estas dos características cuando intentamos escuchar a Dios de manera precisa? ¿Qué tipo de instrucciones erróneas pueden ocurrir si las intercambiamos?

Responde si las siguientes afirmaciones son verdaderas (V) o falsas (F).

V | F   1. Dios puede hablar con cualquier método que Él elija.

V | F   2. Dios habla hoy en día, por lo general, a través de señales visibles.

V | F   3. Dios escoge hablarme hoy sobre todo a través de Su Espíritu y Su Palabra.

V | F   4. Si Dios utilizara alguna manera sensacional para hablarme, debería confiar en ella más que en la revelación del Espíritu en la Escritura.

V | F   5. Si Dios utiliza maneras sensacionales para hablarme hoy, solo confirmarían lo que manifiestan Su Palabra y Su Espíritu.

Uno de los retos y gozos más grandes de mi vida fue participar en el elenco para una película que en ese tiempo pocos conocían, llamada *Cuarto de guerra*. Nunca consideré actuar en la pantalla grande y me sentí en extremo intimidada por la idea cuando me llamaron sin previo aviso. De hecho, cuando los productores me contactaron, les di varias sugerencias para actrices calificadas que podrían representar el papel de Elizabeth Jordan mucho mejor que yo. Aun así, me pidieron que lo considerara en oración y que al menos echara un vistazo al guion. Lo que leí en esas páginas determinó mi decisión. Esto no era una *película*; era *ministerio*.

Ninguno de los participantes pudimos haber predicho que llegaría al número uno en ventas de taquilla ni que se convertiría en una de las películas más exitosas de Sony ese año. Más increíble aún fue cómo la fuerza de esa película colocó a la oración como uno de los principales temas nacionales de conversación. Hasta este día, recibo fotografías de cuartos de oración personales que otros han creado en sus hogares. La gente me sigue diciendo que experimentaron un énfasis renovado en la oración después de ver *Cuarto de guerra*.

Meses más tarde, recuerdo algo que me puso la piel de gallina.

Estaba leyendo mi diario, mirando algunas de las notas de un estudio bíblico al que asistí casi ocho años antes de grabar la película. El primer día del estudio, el maestro (a quien no conocía) me miró y dijo: «Me siento movido a decirte que el Señor hará algo a través de tu vida que moverá a otros a reconocer y a utilizar el poder de la oración». Luego, añadió esto: «No solo serán unas cuantas personas las que serán tocadas. Miles serán inspiradas a orar».

Yo no tenía idea de a qué se refería. Sin duda, él tampoco. Todo lo que supe a ciencia cierta en ese momento fue que mi corazón ardía dentro de mí. Sus palabras resonaron con el testimonio interno del Espíritu Santo. Tuve la seguridad de que el Señor me estaba hablando.

Nunca me oirás decir que Dios no habla de maneras milagrosas hoy. He visto la prueba de eso más de una vez. He visto Su mano providencial obrar en las circunstancias, alinear eventos y disponer encuentros divinos. Sin embargo, escúchame: he aprendido a no *depender* de estos casos. Los sucesos milagrosos no remplazan al Espíritu de Dios como el principal medio en los que dependo para escuchar Su voz. Él no nos ha prometido guiarnos hacia un camino que resulte atractivo a nuestros sentidos; en cambio, ha prometido guiarnos hacia un camino que resulte atractivo a nuestro espíritu: la guía del Espíritu Santo dentro de nosotros.

Cuando Dios aparece de manera tangible y sorpresiva, disfrútalo, celébralo y agradécele por eso. Luego, voltea de nuevo tu atención hacia adentro, observa al Espíritu y la Escritura y agradécele por darte la manera más milagrosa de todas para escuchar Su voz.

> Él no nos ha prometido guiarnos hacia un camino que resulte atractivo a nuestros sentidos; en cambio, ha prometido guiarnos hacia un camino que resulte atractivo a nuestro espíritu: la guía del Espíritu Santo dentro de nosotros.

ESCUCHA AL ESPÍRITU SANTO

«Una conciencia cauterizada es la herencia del pecador. Es allí donde el Espíritu Santo primero coloca Su mano cuando despierta el alma de su sueño de muerte. Él toca la conciencia y, entonces, llegan las luchas de la convicción. Luego, Él la apacigua mediante la aspersión de la sangre y le muestra a Jesús y Su cruz. Así, con una probada de perdón, el alma descansa de su tumulto y de sus temores».[2]

—HORATIUS BONAR

Al final del ministerio terrenal de Jesús, les dijo a Sus amados discípulos que estarían mejor cuando Él se fuera.

> «Pero Yo les digo la verdad: les conviene que Yo me vaya; porque si no me voy, el Consolador no vendrá a ustedes; pero si me voy, se lo enviaré».
> **JUAN 16:7**, NBLA

Estoy segura de que no podemos ni imaginar lo devastados que se sintieron Sus discípulos con esta noticia. Él lo había insinuado antes, pero ellos no habían querido creerlo. Sin embargo, en la profunda finalidad de este momento, Jesús no dejó dudas en cuanto a Su partida inminente. No obstante, Jesús les dijo que el Espíritu Santo sería una fuente constante de compañerismo y de guía en su vida después de Su partida. El Espíritu le revelaría la mente de Dios de forma continua e individual a cada persona que creyera en Él.

Piensa de nuevo en la lección de ayer y describe las diferencias entre la manera en que Dios dirigía en el Antiguo Testamento a los creyentes y cómo Él elige hacerlo hoy.

«Pero Dios nos las reveló a nosotros por el Espíritu; porque el Espíritu todo lo escudriña, aun lo profundo de Dios».
1 CORINTIOS 2:10

¿Recuerdas por qué esto representa una ventaja para nosotros? Resume tu respuesta aquí.

Ya que el Espíritu de Dios es la principal manera en que detectamos la guía del Señor en nuestra vida, debemos familiarizarnos con la forma en que obra dentro de nosotros. Las verdades que voy a mostrarte aquí son tan emocionantes. Apropiarlas desbloqueará tu habilidad para discernir la voz de Dios.

¿Estás listo? ¡Vamos!

En el diagrama a continuación, escribe una E mayúscula dentro del más pequeño de los tres círculos. (Debes cubrir las palabras «Espíritu humano» que ya están impresas. Esto tiene una intención: quiero ver cómo esa «E» mayúscula las eclipsa).

Cada ser humano tiene un *espíritu*.* Este es el centro y la parte más esencial de una persona. El espíritu humano fue diseñado para una relación con Dios. Si no estamos conectados divinamente a Él de esta

*Nota: Así como con las cosas profundas de Dios, los seres humanos tienen un entendimiento limitado en cuanto a cómo Dios creó nuestra alma y espíritu. Los eruditos tienen diversas teorías en cuanto a la diferencia entre espíritu y alma. Después de mucha oración, utilizaremos este modelo para nuestros propósitos aquí al tratar de entender y conocer a Dios y Su diseño con mayor profundidad.

manera, quedamos con un vacío que nunca puede ser llenado de manera adecuada ni completa. Como una pieza de rompecabezas diseñada de forma minuciosa, la única que encaja es la del único Dios verdadero.

Cuando creíste en Jesús, el Espíritu de Dios vino a morar en tu espíritu humano. Aquí, en tu centro, fuiste hecho nueva criatura (ver 2 Cor. 5:17).

Te pedí que dibujaras una letra E *mayúscula* dentro del círculo para representar al Espíritu de Dios. Él es diferente y distinto del espíritu humano. Él es la tercera Persona de la Trinidad. El espíritu *humano* es una faceta de la humanidad, pero el Espíritu *Santo* es la presencia de Dios mismo.

¿Cómo explicarías la diferencia entre el espíritu humano y el Espíritu Santo a alguien más?

Regresa al diagrama y observa los diferentes elementos que comprenden tu *alma*. ¿Cuáles son?

1.

2.

3.

Hay un elemento que falta en el diagrama. Debajo de las palabras en el círculo oscurecido que representa el alma, escribe «consciencia» y añádelo a tu lista de arriba.

Cada ser humano tiene un *alma*. Esta engloba varias facetas cruciales que hacen única a cada persona: la mente, las emociones, las ambiciones, la personalidad; cosas como esas. En el alma, también existe una voz interior que se llama *consciencia*. Esta es una reacción innata a nivel instintivo que ayuda a guiar y dirigir las decisiones de cada persona. Es una respuesta intrínseca que debería conducirnos hacia la moralidad y la bondad y alejarnos del peligro y del mal.

Una consciencia permite que las personas que no son cristianos sean morales, respetuosas de la ley, amables y compasivas. Algunos de los hombres y mujeres más empáticos y compasivos que conozco no son creyentes. ¿Por qué? La principal razón: Todas las personas, cristianas o no, poseen una consciencia. Si su consciencia es bien dirigida y entrenada por sus padres, maestros y otras influencias, en general se ven motivados a tomar decisiones correctas.

Aquí está el problema: La consciencia solo es confiable hasta cierto punto.

No podemos seguir nuestra consciencia como el único fundamento para nuestra vida porque, sin una relación con Jesús, los elementos del alma de cada persona están oscurecidos y muertos espiritualmente. Son dependientes de las influencias ambientales en lugar de las espirituales que las forman y moldean. La consciencia se forma y se desarrolla con base en la atmósfera personal y en las circunstancias de la vida, cosas tan distintas e individuales como nuestras huellas dactilares. La consciencia de cada persona se forma por las cosas a las que está expuesta, ya sean tradiciones o engaños, verdades o mentiras.

Por esta razón, la consciencia de una persona hace que esta se sienta libre de hacer algo, mientras que la de otra persona no. He conocido a algunos individuos cuya consciencia los mantiene atados a un estándar legalista que no está en línea con la libertad que Dios les ofrece. Otros no tienen problemas con participar en toda clase de actividades ilegítimas sin una convicción ni advertencia internas. Hay factores inestables e impredecibles que determinan la sensibilidad de nuestra consciencia. Son diferentes para ti y para mí. Son diferentes para cada persona.

Por ejemplo, Dorenda creció en un ambiente donde vivir con tu novio antes del matrimonio no solo era aceptado, sino también alentado. «¿De qué otra manera podrías saber si eres compatible con tu posible cónyuge?», decían. «¡Tienes que ponerlo a prueba durante un tiempo!». Casi todos en su familia habían elegido esta ruta para encontrar una pareja adecuada. Dorenda siente poco, si acaso algún sentido de incomodidad o de arrepentimiento por su decisión de mudarse con su novio actual. De hecho, se siente bastante cómoda y tranquila con la decisión. Esta es la norma en su familia y esa norma ha informado a su consciencia.

La historia de Dorenda ilustra cómo nuestra consciencia puede ser moldeada de una manera que no agrada al Señor. Ya que nuestra consciencia tiene una voz tan *fuerte* en nuestro interior, con facilidad podemos confundirla con la voz de Dios que dirige nuestra vida. Si queremos escucharlo con claridad, necesitamos que nuestra consciencia sea despertada.

Nombra un ejemplo en tu vida que ilustre este mismo punto; un área en la que tu consciencia no ha sido moldeada según la Palabra de Dios.

¿Qué has hecho para volver a entrenar tu consciencia en esta área?

DESPIERTA TU CONSCIENCIA

Presta atención para recordar esto: tu consciencia *no es* la voz de Dios. Sin embargo, tu consciencia puede ser utilizada por el Espíritu Santo como una especie de micrófono para amplificar el volumen de la voz de Dios y, por tanto, guiarte hacia la dirección que Él quiere para tu vida. Ahora bien, esta guía requiere una progresión específica de eventos. Hablemos de esto.

La consciencia humana _____ la voz de Dios.

Cuando te volviste cristiano, tu espíritu llegó a ser nuevo. No fuiste *cambiado* más de lo que fuiste *intercambiado*. Algo totalmente nuevo vino a tu interior. El Espíritu Santo se mudó a tu corazón y te dio vida nueva (ver Tito 3:5-7).

Estar consciente de esta verdad es el primer paso hacia escuchar con mayor claridad a Dios. Si la consciencia humana (o cualquier otro elemento de nuestra alma) tiene la más mínima oportunidad de reflejar la luz de Cristo, debe primero ser llevada de la muerte a la vida. Esto solo puede suceder cuando el Espíritu Santo está dentro de nosotros. Él debe morar en tu espíritu humano.

Cuando me volví cristiano, no fui _____; fui

_____.

UNA
CONSCIENCIA
PUEDE SER…

• Irreprensible
(Hech. 24:16, LBLA)

• Limpia
(1 Tim. 3:9;
2 Tim. 1:3)

• Corrompida
(Tito 1:15)

• Impura
(Tito 1:15, DHH)

• Mala
(Heb. 10:22)

• Buena
(Hech. 23:1;
1 Tim. 1:5,19;
Heb. 13:18)

• Culpable
(Heb. 10:22, NVI)

• Cauterizada
(1 Tim. 4:2)

• Débil
(1 Cor. 8:7,10,12)

Una vez que has sido intercambiado como creyente, tu espíritu humano está lleno del Espíritu Santo. El Espíritu con E mayúscula. Y (aquí es donde se pone bueno de verdad) el Espíritu de Dios no se mantiene confinado a ese pequeño centro del diagrama. Su influencia en tu *espíritu* comienza a desbordarse hacia tu *alma*, de tal manera que no solo la despierta de su sueño espiritual, sino que también la conforma de manera progresiva a la imagen de Jesucristo (ver 2 Ped. 1:3-4).

Toma un lápiz de color o un resaltador y regresa al diagrama de los tres círculos (p. 49). Rellena el círculo del centro sobre la letra E y luego deja que el color se corra hacia el siguiente círculo también. *¿Recuerdas cómo tu maestra de preescolar siempre te decía que no te salieras de la línea? Ignórala. Haz un poco de desastre.*

Esta es una ilustración de lo que está sucediendo en tu vida, incluso mientras participas en este estudio. A medida que rindes tu vida a Dios y obedeces Su Palabra escrita, la influencia del Espíritu se desborda hacia el reino de tu alma y despierta tu consciencia. Entonces...

Comienza un proceso continuo y progresivo de reprogramado y formateo. Con el tiempo, tu consciencia guiada por el Espíritu es remodelada a la imagen de Cristo y puede ser utilizada como un micrófono para que el Espíritu Santo te hable; para convencerte, retarte y guiarte hacia la voluntad de Dios para tu vida.

Busca Juan 16:8. ¿Qué tipo de dirección ofrece el Espíritu Santo a un creyente *intercambiado*?

La convicción se refiere a un sentido interno de incomodidad que te dirige hacia un deseo de cambiar tu comportamiento.

Después de la salvación, gracias al Espíritu Santo, ciertos tipos de actividades, pensamientos o actitudes no se sienten cómodos, aún si antes sí lo eran. Cosas que alguna vez hiciste sin problema ahora te parecen malas y te causan incomodidad, y cada vez más a lo largo del tiempo. Participar en ciertos comportamientos, cultivar ciertos hábitos, interactuar en ciertas relaciones puede volverse embarazoso o difícil sin razón aparente... aparte de esto: El Espíritu de Dios está infiltrando tu alma, te está influenciando y moldeando. Tu consciencia está siendo conformada a la imagen de Cristo.

No luches contra este proceso. Acéptalo. Este es el primer paso para escuchar a Dios con claridad.

Enumera tres ejemplos de una actitud o acción de la que sentiste convicción *después de tu salvación* y que nunca la habrías sentido incómoda *antes de tu salvación*.

¿Le diste crédito por este cambio al Espíritu Santo? Si no fue así, ¿por qué piensas que sucedió? ¿Cómo respondiste a esto?

Regresaremos a otros elementos de tu diagrama de círculos más tarde esta semana. Por ahora, quiero que simplemente reconozcas y te regocijes en la obra sobrenatural de Dios al darte al Espíritu Santo que mora en ti para despertar tu consciencia y moldearla para ser, sí, ¡un micrófono! Conocer los cambios que estás descubriendo puede ser una señal de la presencia del Espíritu Santo en ti; pon especial atención a la manera en que escoges responder y reaccionar a ellos.

De hecho, detente aquí y piensa en cómo se *siente* tu intuición / instinto / consciencia. Incluso antes de volverte cristiano, antes de que tu sentido interno de advertencia o de dirección fuera influenciado por el Espíritu Santo, ¿cómo *percibías* tu consciencia?

Intenta describir ese sentimiento en este espacio.

Mantén ese sentimiento en mente; es similar al sentimiento de escuchar y de sentir la convicción y la dirección de Dios.

CONTROLES Y EQUILIBRIOS

«Sé que el Señor me está hablando cuando tengo paz, cuando la Palabra de Dios lo confirma, cuando hay personas piadosas en mi vida que me conocen bien y que lo afirman… ¡y cuando mi esposa está de acuerdo!».

—ROBERT MORRIS

Todo el mundo quiere ser bueno en lo que hace. Todos quieren ser excelentes en las áreas que son importantes para ellos. Cuando se levanta el telón, cuando llega el llamado a la acción, cuando se espera que te levantes a la altura de la situación en la casa, en el trabajo o en situaciones estresantes; quieres ser capaz de batear un jonrón.

En cambio, no todos quieren practicar.

Escuchar a Dios, como cualquier otra cosa, requiere de práctica. Ya que tu consciencia no es la voz de Dios, escucharlo requiere un oído entrenado. Aun si tu consciencia es influenciada por Su Espíritu, sigue siendo un componente humano. Es falible. Estamos rodeados por todos lados por un mundo ruidoso, distractor y desorientador, así que estar seguros de lo que Dios nos está diciendo casi nunca es tarea sencilla.

Requiere de práctica. Solo se vuelve más fácil con la práctica.

Los siguientes cinco ejercicios de práctica han sido para mí un sustento para obtener claridad al discernir la dirección de Dios. Oro por que sirvan con el mismo propósito para ti. Juntos, colocan algunas medidas de protección que pueden ayudarte a escuchar con precisión a tu consciencia guiada por el Espíritu. Incluso cuando sientes convicción o un conocimiento profundo sobre un área de tu vida, este sistema de controles y equilibrio puede evitar que te desvíes.

Las llamo «Las cinco M para escuchar de manera correcta a Dios». Son estas:

1. BUSCA EL *MENSAJE* DEL ESPÍRITU. Escucha de forma intencional. Quédate quieto y, de manera consciente, vuelve tu atención hacia adentro para ver si lo que estás percibiendo tiene el aplomo de Dios o es la voz pasajera e inestable de tus propias emociones. No solo le pidas a Dios de manera casual por dirección. El discernimiento toma tiempo, paciencia y práctica.

2. VIVE EN *MODO* DE ORACIÓN. No hables con nadie sobre nada más de lo que hablas con Dios sobre ello. Rinde cualquier cosa que pienses estar escuchando de Él de vuelta a Él en oración. Cuando surja el asunto en tu mente a lo largo del día, no pierdas el tiempo en preocuparte. En cambio, pasa tu tiempo entregándole ese asunto a Dios.

3. BUSCA EL *MODELO* DE LA ESCRITURA. Considera con cuidado lo que la Biblia menciona al respecto. Escudriña la Palabra y descúbrelo. ¿Lo que piensas que estás escuchando contradice el carácter de Dios o Su Palabra de alguna manera? Si es así, ¡adivina qué! No lo estás escuchando de manera correcta.

4. SOMÉTETE AL *MINISTERIO* DE ELÍ. Tal como el sacerdote de Israel dio entendimiento a Samuel en cuanto a cómo reconocer la voz de Dios (1 Sam. 3), busca el consejo de un creyente sabio y más maduro que tú que tenga práctica en escuchar la voz de Dios en su propia vida.

5. ESPERA LA *MISERICORDIA* DE LA CONFIRMACIÓN. Pide al Señor que confirme Su Palabra interna con evidencia externa. Él desea que conozcas Su voluntad. Él no la está escondiendo de ti. Por gracia, Él te verificará Su mensaje a través de Su Palabra, por medio de las circunstancias o, incluso, mediante otra persona.

Nunca llegaremos a un lugar místico de perfección espiritual. Siempre cometeremos errores. *(Sí, espera equivocarte en ocasiones al escuchar la voz de Dios)*. Sin embargo, Él conoce tu corazón y tus intenciones. Él conoce tu deseo de escucharlo de manera precisa y de seguir Su guía. Si nos rehusamos a obedecer una impresión de Dios por miedo a arriesgarnos a cometer un error, nos perderemos la oportunidad de caminar en victoria o de experimentar el gozo de la relación con Él. De hecho, los errores a menudo son los mejores maestros para aprender a escucharlo más claramente en el futuro.

Así que, practica. Golpéate tus dedos espirituales y ráspate las rodillas espirituales. Y, una vez que te levantes de nuevo, vuelve a practicar.

Cada vez que lo haces, estás entrenando tus «sentidos» espirituales (Heb. 5:14). Estás creciendo. Estás madurando. Para eso son las cinco M.

Las cinco M son tan importantes que quiero que regreses y las vuelvas a leer. Luego, escribe sus principios fundamentales en tus propias palabras a continuación.

1.

2.

3.

4.

5.

¿Cuáles de estos pasos has estado ignorando?

¿Cuáles *sí* has estado haciendo? ¿Cómo te han ayudado?

TRANSFORMACIONES

Ser un buscador proactivo de Dios y someterte a Su voluntad puede sentirse como una tarea alarmante. ¿Qué tal si te indica que hagas algo a lo que siempre te has resistido? ¿Qué tal si te pide que te alejes de algo que siempre has disfrutado? ¿Qué tal si lo que *Él* quiere para ti contradice lo que *tú* quieres para ti mismo?

Créeme, lo entiendo. Recuerdo, por ejemplo, mi resistencia inicial a la idea de tener escuela en casa con mis hijos. Solo mujeres con un diseño increíble son lo suficiente organizadas para la tarea, ¿no? Yo admiraba a mi hermana mayor por hacerlo. Podía ver su valor. Aplaudía a los amigos y compañeros que lo habían elegido. No obstante, no era para mí. O, al menos, eso pensaba.

Pasó el tiempo y nuestra situación cambió. Y, aunque nadie se sorprendió más que yo, comencé a sentirme atraída a ello. Incluso, comencé a tener un sentido de deleite, emoción y paz cuando lo imaginaba. Para cuando Jerry y yo aceptamos que Dios nos estaba guiando en esa dirección (el «ministerio de Elí» fue de gran ayuda aquí), los deseos de mi alma estaban alineados con lo que Dios estaba diciendo. Eso es lo que ahora *quería* hacer.

> Nombra una cosa que nunca pensaste que disfrutarías o que siquiera serías capaz de tolerar hacia la que el Espíritu de Dios luego transformó tus afectos.

No estoy sugiriendo que tomar este tipo de decisiones carezca de reto o de lucha. A menudo lo hace. La presencia de dificultades no necesariamente significa que estás cometiendo un error. A menudo, puede indicar que estás precisamente en el camino correcto, que el enemigo está oponiéndose a tu progreso hacia lo mejor que Dios tiene para ti.

Tampoco estoy sugiriendo que tus sentimientos tengan que alinearse antes de dar un paso de obediencia. Si Su Palabra es clara en algo, es en que debes obedecer, ya sea que quieras hacerlo o no, sea sencillo o no.

Sin embargo, a veces Dios permite que nuestra pasión sea un indicador de Su dirección. Si estás deleitándote en Él (Sal. 37:4), Él a menudo moverá tu corazón y redirigirá tus sentimientos y deseos en una dirección en particular. Cuando sientas un cambio en tus intereses, tal vez incluso uno que te sorprenda, presta atención.

De nuevo, familiarizarte con este tipo de atención requiere de práctica. No obstante, mientras más prestes atención y más lo hagas, más experto te volverás. Si de verdad quieres ser bueno en esto, te sugiero que comiences con disciplinarte para realizar lo que ya *sabes* que es la voluntad de Dios para tu vida. Con eso terminaremos el estudio de hoy.

SU TRABAJO, TU CAMINO

El libro de Santiago fue escrito a los creyentes cuyo espíritu humano ya tenía una gran E escrita en la portada. Ellos ya habían sido hechos nuevos mediante la salvación. Sin embargo, él les dijo: «Por lo cual, desechando toda inmundicia y abundancia de malicia, recibid con mansedumbre la palabra implantada, la cual puede salvar vuestras almas» **(SANT. 1:21)**.

¿Qué te parece un poco extraño, si no por completo sorprendente, de la última parte de este versículo?

¿Acaso no eran ya salvos? ¿Por qué sus «almas» debían ser salvadas todavía? Respuesta: A pesar del nuevo nacimiento de nuestro espíritu humano, nuestra alma (así como nuestro cuerpo) aún contiene «inmundicia y abundancia de malicia». Nuestro *espíritu* es salvo, pero nuestra *alma* y nuestro *cuerpo* todavía necesitan bastante trabajo.

> Lee 2 Tesalonicenses 2:13. (Está en el margen). Este versículo nombra el proceso de renovación. En el margen, subraya el término teológico en este versículo que describe este proceso. A continuación, encierra quién es responsable de llevar la carga de este proceso.

¡Qué alivio! La carga de tu «santificación» (esa era la palabra que estaba buscando) no recae sobre ti. Es responsabilidad del Espíritu (esa es la otra palabra que estaba buscando) transformar y reconfigurar tu alma (tu pensamiento, emociones y deseos). Este cambio no es siempre cómodo, pero te coloca en una posición donde puedes escucharlo con mayor claridad, caminar en obediencia a Él y recibir Su bendición en tu vida. A medida que el Espíritu te conforma a la imagen de Cristo, la distancia se acorta entre *Sus* deseos y los *tuyos*.

Incluso si la santificación es la responsabilidad y la especialidad del Espíritu, tú y yo debemos cooperar con Él en esta obra. Cada uno de los siguientes versículos revela las acciones cooperativas que debemos completar en nuestra obra junto con el Espíritu a medida que Él nos santifica. De hecho, nuestra participación acelera nuestro crecimiento y permite que la voz de Dios suene con mayor claridad en nuestros oídos espirituales.

> «Así que, hermanos, os ruego por las misericordias de Dios, que presentéis vuestros cuerpos en sacrificio vivo, santo, agradable a Dios, que es vuestro culto racional. No os conforméis a este siglo, sino transformaos por medio de la renovación de vuestro entendimiento, para que comprobéis cuál sea la buena voluntad de Dios, agradable y perfecta».
> **ROMANOS 12:1-2**

Nuestro *espíritu* es salvo, pero nuestra *alma* y nuestro *cuerpo* todavía necesitan bastante trabajo.

«Pero nosotros debemos dar siempre gracias a Dios respecto a vosotros, hermanos amados por el Señor, de que Dios os haya escogido desde el principio para salvación, mediante la santificación por el Espíritu y la fe en la verdad».
2 TESALONICENSES 2:13

«*Y no contristéis al Espíritu Santo de Dios*, con el cual fuisteis sellados para el día de la redención».
EFESIOS 4:30

«Por lo cual, desechando toda inmundicia y abundancia de malicia, recibid con mansedumbre la palabra implantada, la cual puede salvar vuestras almas. Pero sed hacedores de la palabra, y no tan solamente oidores, engañándoos a vosotros mismos».
SANTIAGO 1:21-22

En tus propias palabras, vuelve a escribir las cinco porciones resaltadas de estos versículos.

1.

2.

3.

4.

5.

¿Estás haciendo estas cosas? Si no es así, ¿por qué? ¿Para qué desperdicias más tiempo? Dios quiere hablarte. ¿Acaso no quieres escucharlo? ¡Es hora de practicar! De manera que, cuando el partido esté en la línea, puedas estar listo, con las instrucciones de Dios en mano.

¿De qué maneras estás cooperando con el Espíritu Santo?

¿De qué maneras te estás resistiendo?

LIBERTAD PARA ESCUCHAR A DIOS

No soy científico. Nunca he investigado sobre todas las ramificaciones del ADN y de cómo se trasmiten entre madre e hijo. Sin embargo, sí me parece interesante que a mi hijo mayor le gusta el chocolate mucho más que a sus hermanos. A mí nunca me gustó mucho hasta los ocho meses de su embarazo.

En serio. Antes de eso, si tenía antojo de un postre, siempre me inclinaba hacia una opción de fruta. (*Una tarta de manzana, por favor*). No obstante, un día (literal, un día), me levanté, di vuelta a mi gran barriga para colocarla en una posición más cómoda y, de pronto, ¡tuve un terrible *antojo* de chocolate! Cuando se lo pedí (tal vez se lo exigí), mi lindo esposo fue a la tienda para comprar un delicioso chocolate con leche para su enorme esposa. Con ese único gesto de amabilidad, desató un monstruo.

Así que, no, no conozco todos los términos genéticos para describir este fenómeno. Lo que sí sé es esto: la nueva vida que crecía en mi interior cambió mis papilas gustativas. Ahora que mi hijo de catorce años puede tomar sus propias decisiones en cuanto a postres, es interesante que nuestros gustos sean tan parecidos.

Cuando la nueva vida del Espíritu Santo viene a morar en ti, comienza a cambiar tus papilas gustativas de tal manera que reflejen las Suyas. El ADN de Dios se muestra en el tejido de tu vida diaria. Simplemente, así es como funciona.

> Busca Hebreos 8:10 en tu Biblia. ¿Qué encuentras sobre lo que el Espíritu Santo hace con la Palabra de Dios?

MIRA ESTO

Uno de los descubrimientos más liberadores de mi vida vino al confiar simplemente en que el ADN divino dentro de mí se manifiesta de manera natural a través de mí. Esta noticia por sí misma me liberó de la preocupación tediosa y debilitadora de «encontrar la voluntad de Dios para mi vida». Cuando tú y yo estamos buscando detrás de cada esquina para descubrir Su voluntad, preocupados al extremo por perdérnosla o por ignorarla, no podemos participar con libertad en lo que Él está colocando delante de nosotros para hacer. ¡Terminamos perdiéndonos Su voluntad por estar tan ocupados buscándola!

Verdades reveladoras de dos versículos en Filipenses pueden liberarte para disfrutar tu vida con Dios a medida que afinas tus oídos espirituales para escuchar Su voz.

En los siguientes dos versículos, subraya la porción que indica la responsabilidad de Dios.

«Dios es el que en vosotros produce así el querer como el hacer, por su buena voluntad» (FIL. 2:13).

«Así que, todos los que somos perfectos, esto mismo sintamos; y si otra cosa sentís, esto también os lo revelará Dios» (FIL. 3:15).

¿Lo puedes ver? La carga de la responsabilidad del *deseo* y de la *energía* para participar en Su voluntad… es de Él, no tuya. (Esa es la parte de Filipenses 2:13). Además, si te alejas de los deseos de Dios para ti en cualquier manera, Él moverá tu corazón y te lo hará saber. (Esa es la parte de Filipenses 3:15). Los creyentes en Filipos no tenían que andar por ahí con constante temor, preocupados por estar fuera de la voluntad de Dios. En cambio, debían tan solo invertir su vida por completo en conocer a Dios. Y, si estaban desalineados de Él, Él mismo se los haría saber.

Dios ya está haciendo todo lo necesario, no solo para revelarte Su voluntad, sino también para moverte a ir tras ella. No es tu responsabilidad descubrir el querer y el hacer Su voluntad; es Su responsabilidad revelarlos.

Busca los siguientes pasajes. Escribe las partes que corroboran este principio.

1 Corintios 12:6

Hebreos 13:20-21

Santiago 1:17-18

¿En qué decisión actual u otra área de tu vida esta verdad te da un sentido específico y personal de descanso y de paz?

Deja de buscar de manera frenética la voluntad de Dios; comienza a buscar de manera frenética a Dios mismo. A medida que lo haces, confía en que Él se hará cargo de mostrarte lo que Él quiere que hagas y la manera en que quiere que lo hagas. Él te hablará por medio de Su Espíritu Santo y de Su Palabra para revelarse a sí mismo a ti, para realinearte con Su perspectiva y reenfocarte en Sus propósitos. Cumple tu parte y deja que Él cumpla la suya.

> Deja de buscar de manera frenética la voluntad de Dios; comienza a buscar de manera frenética a Dios mismo.

¿Cuál es la diferencia entre buscar la voluntad de Dios y buscar a Dios mismo?

¿Qué prácticas intencionales puedes llevar a cabo para colocarte en el camino correcto de buscar a Dios?

CRECE

Ese hijo mío al que le encanta el chocolate podrá tener mis gustos de postres, pero se está convirtiendo en el clon de su padre, no solo en estatura, sino también en conducta. Sus gestos, postura e incluso su actitud y comportamiento son un reflejo directo de los de su papá.

Es cierto, algunas de estas similitudes son aprendidas cuando los niños ven a su papá; probablemente ni siquiera se dan cuenta de cuánto estudian las minucias de su comportamiento. Sin embargo, una gran parte es tan solo una impartición genética, una expresión externa de su biología. El simple hecho de tener los genes de él dentro de ellos hace que comportamientos similares se manifiesten también. Es simplemente la manera en que han crecido.

Esto sucede de manera natural.

Regresa al diagrama de tu espíritu / alma / cuerpo en la página 49. Toma de nuevo tu resaltador y extiende el color hasta porciones del tercer círculo, el más grande: tu cuerpo. Luego, regresa conmigo aquí.

En la siguiente lista, encierra las partes de tu cuerpo que luchas más para entregar a Dios como un sacrificio vivo.

- Mente (lo que pienso)
- Ojos (lo que veo)
- Manos (lo que hago)
- Boca (lo que digo)
- Oídos (lo que escucho)
- Pies (a dónde voy)
- Otro _____

¿Por qué piensas que rendir esta área a Dios resulta tan difícil para ti?

Vuelve a escribir algunas de las frases clave de Romanos 12:1-2 tal como aparecen en tu Biblia.

Si tú y yo estuviéramos haciendo juntos este ejercicio con un café con leche dulce y caliente en la mano (ojalá así fuera, nos la estaríamos pasando muy bien), habría encerrado la palabra *boca* sin dudarlo. Entonces, te compartiría cómo, en mi niñez, era una niña dócil y

«Creo en la verdad que se encuentra en Romanos 12:1-2. Si he presentado mi cuerpo en sacrificio vivo (y así ha sido), y he sido transformado por la renovación de mi mente, entonces tengo la capacidad de probar (poner a prueba) cuál es Su voluntad. Él me mostrará lo que es bueno, agradable y perfecto para mí».

—KAY ARTHUR

mansa que respetaba de manera admirable la autoridad y cuidaba cada palabra que salía de mi boca.

Luego, haría una pausa para que pudieras reírte a carcajadas.

En realidad, mi boca siempre me ha metido en toda clase de problemas. Aún ahora como mujer adulta. Cuando era niña, si recibía un demérito en la escuela, mis padres ni siquiera tenían que preguntar por qué había sido. Lo sabían. De manera inevitable tenía algo que ver con mi tendencia a hablar de más. Si me disciplinaban en casa, siempre tenía que ver con pensar antes de hablar y cómo, tan a menudo, no pensaba antes de hablar. Dominar y controlar mi boca (entre muchas otras cosas) le ha dado al Espíritu Santo mucho trabajo en mi vida. Yo sé que Dios «no se adormecerá ni dormirá», pero si lo hiciera, estoy segura de que le habría dado motivos para una siesta, o dos, en esas épocas (SAL. 121:4).

Así que mi respuesta es *boca*. ¿Cuál es la tuya?

Sin importar lo que encerraste, la verdad es que ambos estamos en el mismo barco. Todos tenemos la necesidad apremiante de que la influencia del Espíritu Santo se manifieste en nuestra vida. *En nuestro cuerpo*. La buena noticia es que Su obra no se limita a lo que está debajo de nuestra piel ni está confinado a las partes intangibles de nuestra vida (nuestra mente, voluntad, emociones, consciencia). Su efecto se extiende hacia afuera, filtrándose por nuestros poros hasta que Su fruto se ve en las zonas visibles de nuestra vida. Así como Él trabaja para cerrar la distancia entre Él y los elementos de nuestra alma, también trabaja para cerrar el espacio entre sí mismo y nuestro cuerpo.

Aquí está la verdad liberadora. Tal como las minucias de la apariencia y del comportamiento de un bebé reflejan su ADN, la conducta de un creyente es influenciada de manera natural por su linaje espiritual. Así que es innecesario (de hecho, es contraproducente) enfocarse únicamente en el comportamiento externo. En cambio, debemos tan solo enfocarnos en estar sanos espiritualmente. La salud producirá crecimiento de manera natural, lo que a su vez conducirá de manera automática a un comportamiento que refleje el ADN de tu Padre.

Escribe esta progresión en tus propias palabras.

¿Existe un área de tu vida donde has estado enfocándote en cambiar tu comportamiento en lugar de en mantenerte en un sano crecimiento espiritual? Explica.

Si es así, ¿cómo has visto que un efecto inverso ha obstaculizado tu avance?

«Y si el Espíritu de aquel que levantó de los muertos a Jesús mora en vosotros, el que levantó de los muertos a Cristo Jesús vivificará también vuestros cuerpos mortales por su Espíritu que mora en vosotros».
ROMANOS 8:11

Apoyarte en tu propia fuerza y resolución personales para forzar cambios en tu comportamiento no solo es agotador de mantener, sino que muchas veces también prueba ser poco más que una solución temporal. Las recaídas inevitables se convierten en un ciclo interminable de desilusiones, frustración, odio hacia uno mismo y otra maraña de emociones poco saludables. El cambio duradero, de la clase que te libera para caminar en ritmos de gracia, motivado por el poder de Dios, debe surgir desde adentro, no de afuera. A pesar de tus deficiencias pecaminosas que cada uno de nosotros comparte, debes confiar tu vida a Su cuidado y cooperar con Él en las maneras que Él ha instruido. El ADN está allí. Confía en que Él moldeará tu comportamiento a la imagen de Cristo.

El efecto del Espíritu Santo en nuestro cuerpo es reiterado en 1 Tesalonicenses 5:23. Escribe la progresión de la influencia del Espíritu Santo, tal como se ve en este versículo.

«Que Dios mismo, el Dios de paz, los santifique por completo, y conserve todo su ser —espíritu, alma y cuerpo— irreprochable para la venida de nuestro Señor Jesucristo».
1 TESALONICENSES 5:23, NVI

La santificación del _____ conduce a la santificación del _____, que conduce a la santificación del _____.

Para poder alinear todo nuestro ser, para ser capaces de escuchar a Dios y de obedecerlo en todos nuestros sistemas y estructuras (espíritu, alma y cuerpo), debemos mantener la actitud que una vez escuché a un misionero en África describir. Cada mañana, decía él, inmediatamente después de levantarse, se estiraba en su cama y se imaginaba sobre un altar donde él mismo era el sacrificio. Luego, decía: «Señor, este día me presento como una herramienta para ti. Hoy, soy tu sacrificio vivo».

EL QUINTO DÍA

Lee 2 Corintios 3:12-17 en tu Biblia y responde las siguientes preguntas.

Cuando la ley de Moisés era leída bajo el antiguo pacto, ¿qué efecto tenía en el lector (vv. 14-15)?

¿Qué es lo único que puede levantar el velo del entendimiento (v. 16)?

La Palabra de Dios, sin la claridad del Espíritu Santo, no penetrará en el entendimiento del oyente. Solo por Su Espíritu puede ser levantado el velo de nuestros ojos para que, como creyentes, podamos: 1) entender la Palabra de Dios y 2) ponerla en práctica.

Como cristiano, has recibido el derecho y el privilegio de hacer ambas cosas: escuchar y responder. El Espíritu Santo dentro de ti es todo lo que necesitas. A través de Su influencia transformadora, los elementos de tu alma (mente, voluntad, emociones y consciencia) pueden comenzar a operar en conjunto con los propósitos de Dios a medida que te rindes a Él. Los elementos de tu cuerpo físico y de tus comportamientos externos, conforme los colocas sobre ese altar, también son transformados a nivel de sus raíces, no son solo cambios cosméticos superficiales, de manera que toda tu persona esté llena de salud espiritual y pueda llevar fruto espiritual.

El Espíritu Santo es la diferencia. Por la gracia de Dios, el Espíritu Santo es tuyo por completo. Deléitate en Él. Descansa en Él. Cree en que Él te hablará con claridad, ordenará tus pasos y te llevará a querer lo que le place a Él. Ya no tienes que buscar de manera frenética la voluntad de Dios. En cambio, búscalo de manera frenética a Él.

Él será hallado. Y tú serás transformado.

Como la vez anterior, siéntete libre para usar este quinto día para reunir todas tus experiencias con el Señor durante la semana, para atar cabos sueltos de información, para unirlos de manera que te nutran en verdad y te equipen para los días venideros.

Considera pasar este tiempo enfocado en áreas donde estás percibiendo la guía de Dios en direcciones que tal vez vayan en contra de lo que sientes o que vayan hacia algún lugar que no estás seguro de que sea el deseo de Dios. Regresa a la página 56 donde hablamos de las cinco M y considera hoy una sesión de práctica; utiliza cualquiera de las estrategias como forma de buscarlo a Él.

Incluso si no obtienes ninguna instrucción específica hoy, la práctica valdrá la pena. Sabrás que te estás moviendo en la dirección correcta. Sentirás cambios en la manera en que te rindes a Él a medida que deseas solamente Su voluntad.

«… vuestro trabajo en el Señor no es en vano».
1 CORINTIOS 15:58

«… no se cansen de hacer el bien».
2 TESALONICENSES 3:13, NVI

EL ESPÍRITU SANTO

RESUMEN

UNA VEZ QUE HAS TERMINADO TU ESTUDIO DE LA SEMANA, COMPLETA LAS FRASES A CONTINUACIÓN Y REFLEXIONA SOBRE CADA UNA DE ELLAS.

- «Este es mi Hijo amado […]; a él _____» (Mat. 17:5).

- El _____ _____es la principal manera de Dios para comunicarse con nosotros.

- La consciencia humana _____ la voz de Dios.

- La carga de tu _____ no recae sobre ti. Es responsabilidad del Espíritu Santo.

- Deja de buscar de manera frenética la _____ de Dios; comienza a buscar de manera frenética a _____ mismo.

- La _____ de un creyente es influenciada de manera natural por su _____ espiritual. Así que es innecesario (de hecho, es _____) enfocarse únicamente en el comportamiento _____.

«Si el pecado de los tiempos del Antiguo Testamento fue rechazar a Dios el Padre y el pecado de los tiempos del Nuevo Testamento fue rechazar a Dios el Hijo, entonces el pecado de nuestros tiempos es rechazar a Dios el Espíritu Santo».[3] —STEPHEN Y DAVID OLFORD

EL ESPÍRITU SANTO EN ACCIÓN

por el doctor Tony Evans

En la era de la iglesia, el Espíritu Santo es el representante asignado de la Trinidad. Él es el agente de revelación y de iluminación para el creyente que vive en una relación permanente con Cristo (Juan 14:16-26). Así como el Espíritu Santo supervisó el registro perfecto de la Escritura para protegerla de error al ser escrita (2 Ped. 1:19-21), Él continúa iluminando la Palabra en nuestro corazón, como cuando se incrementa la intensidad de un regulador de luz, y aumenta de manera progresiva nuestra comprensión precisa de la Palabra escrita de Dios a medida que nos capacita para aplicar la Palabra de forma relevante a nuestra vida y decisiones personales. Lo necesitamos tanto para un entendimiento general como para una dirección específica.

Piénsalo así: Los juegos de fútbol americano funcionan con base en reglas objetivas que gobiernan la operación del deporte. Sin embargo, cada equipo tiene la libertad de seleccionar jugadas específicas según las circunstancias cambiantes. De manera similar, la Palabra objetiva de Dios es el estándar fijo bajo el cual vivimos. El papel del Espíritu Santo, como el director espiritual que escoge las jugadas, es brindar guía individual según las realidades cambiantes de la vida, siempre con base en la Palabra de Dios que nunca cambia. Tal como la estrategia individual de un equipo debe operar dentro de las reglas fijas del juego, la voz del Espíritu siempre operará dentro de los límites de la Palabra revelada de Dios.

El proceso por el cual el Dios Trino se comunica con los creyentes es llamado «la unción» (**1 JN. 2:27**). Mediante la presencia de Dios que mora en nosotros, Él lleva a cabo la obra de aclarar, aplicar y confirmar la verdad de Dios a nosotros. Esta unción es tan poderosa que Juan afirma que resulta en «no ten[er] necesidad de que nadie [te] enseñe» (**V. 27**). Es decir, no tienes necesidad de ir a los no creyentes para obtener entendimiento, percepción ni dirección espiritual. Tal como ya no necesitas una antena analógica una vez que has conectado tu televisor a un servicio por satélite o por cable, los creyentes que operan en unidad con la Palabra de Dios no deben buscar sabiduría humana (de los que no conocen a Dios) para obtener claridad espiritual. El Espíritu Santo lo hace por nosotros. A través de Él, tenemos la unción.

Tal como Pablo dijo, el Espíritu Santo revela la verdad de Dios a los que son espirituales: «…combinando pensamientos espirituales con palabras espirituales» (**1 COR. 2:13**, LBLA) y las comparte con personas espirituales equipadas para «juzga[r]» lo que escuchan (**V. 15**). Los que intentan escuchar por medios naturales, por el camino de la sabiduría humana, no tienen forma de entender la verdad de Dios. Sin embargo, al tener «la mente de Cristo» (**V. 16**), nuestro proceso de razonamiento se mantiene conectado con lo que Dios ha revelado en la Escritura. Cuando nuestros pensamientos están constantemente alineados con la verdad revelada de Dios, el Espíritu Santo puede transferir los pensamientos de Dios a nuestra mente. Un pensamiento transformado resulta en una vida transformada (2 Cor. 3:17-18). Así es como la voz del Espíritu Santo transforma en verdad nuestra vida.

La voz del Espiritu Santo

PERSISTENTE:

UNA LUMBRERA A MI CAMINO

«Las impresiones de Dios dentro de nosotros y en Su Palabra siempre son corroboradas por Su providencia a nuestro alrededor y deberíamos esperar en quietud hasta que estas tres se enfoquen en un solo punto [...].[1] Si no sabes qué hacer, detente hasta que lo sepas. Y, cuando llegue el momento para tomar acción, las circunstancias se iluminarán como luciérnagas en tu camino. Estarás tan seguro de que estás en lo correcto que no podrías estarlo más si un ángel te hablara en voz audible».[2]

—F. B. MEYER

Quisiera que pudieras verme ahora mismo. Estoy sentada en un avión de camino a un fin de semana de ministerio en Florida. Y estoy sonriendo, de oreja a oreja. Estoy emocionada por esta tercera semana de estudio juntos porque una gran parte de la claridad que necesitas para escuchar la voz de Dios la descubrirás en estos próximos días. Así que, sí, estoy sonriendo mientras pienso en cómo tu vida estallará en victoria a medida que juntos profundizamos más en este estudio hacia las características de la voz de Dios que la separan de todas las demás voces errantes que buscan impedirte que hagas lo que Dios quiere.

Ah, y hablando de aviones... estoy intrigada de que Dios me permita estar sentada en este tubo de aluminio que navega por los cielos mientras escribo. En un par de horas, esta enorme masa de acero aterrizará (espero que sana y salva) de vuelta en el planeta. Y tengo que admitir que siempre me ha preocupado un poco este proceso... cuatrocientas cincuenta toneladas de maquinaria pesada, de turbosina y de cargamento humano avanzando a velocidad exorbitante hacia la tierra. Cada vez que lo hago, susurro una oración.

He notado que, en particular durante la noche, el avión siempre aterriza en un camino que ha sido bien marcado por luces. No solo *una* luz, sino *muchas* luces. Todas en fila; son inconfundibles. Seguro el piloto ha sido informado por la torre de control de su ubicación para el aterrizaje. Ha recibido instrucciones claras. Sin embargo, como confirmación de lo que ha escuchado, mira lo que está en el suelo delante de él; no solo una única luz solitaria para que se lance de nariz hacia ella. No solo una suposición aleatoria ni una esperanza fortuita de que es la luz correcta. No, él escudriña el horizonte hasta encontrar una línea consistente de luces que correspondan a lo que ha oído en su auricular.

Las luces lo conducen a su destino.

Una de las características distintivas de la guía del Espíritu Santo en tu vida es que será iluminada por confirmaciones, divinamente diseñadas para ayudarte a estar seguro de que estás aterrizando en la pista correcta. Su voz será tanto consistente como persistente.

¿QUÉ DIRÍAS TÚ?

Para confirmar Su guía y para ayudarnos a distinguir Su voz con más claridad, el Espíritu Santo trata con nosotros con paciencia, consistencia y persistencia. Él obra en nuestro corazón, en el corazón de otros y también en los eventos en nuestra vida que nos señalan hacia Su dirección. Él utiliza todas estas cosas para movernos a escuchar y a prestar atención a Su voz.

> En la oración anterior, subraya las tres principales maneras en que Dios solidifica con persistencia Su dirección en tu vida.

> ¿Recuerdas las cinco M para escuchar a Dios? ¿Del día tres de la semana pasada (p. 56)? ¿Cuál (o cuáles) explora la lección de hoy?

> Recuerda un tiempo cuando Dios «iluminó tu pista» para que pudieras estar más seguro de aterrizar en la decisión correcta. ¿Cuál fue Su instrucción?

> Enumera las maneras en que lo confirmó.

«Sin embargo, en una o en dos maneras habla Dios; pero el hombre no entiende».
JOB 33:14

¿Esta decisión impactó también a otras personas en tu vida? Si fue así, ¿sentiste una mayor responsabilidad para interpretar con precisión estas «luces» de confirmación?

Cuando el profeta Samuel era apenas un niño, trabajaba en el tabernáculo de Dios en Silo junto con Elí, el sacerdote. En una ocasión, en plena noche, mientras Samuel estaba en su cama, escuchó una voz que lo llamaba.

Abre tu Biblia en 1 Samuel 3:1-10 y responde las siguientes preguntas:

¿Qué factores habrían dificultado que Samuel distinguiera la voz de Dios?

¿Cuántas veces llamó Dios antes de que Samuel reconociera Su voz?

¿A quién usó Dios para ayudar a Samuel a reconocer Su voz?

Según los versículos 19-21, ¿qué continuó haciendo Jehová en Su misericordia a pesar de que a Samuel le tomó algo de tiempo reconocer y responder a la voz de Dios la primera vez?

Las verdades de esta porción de la Escritura hacen latir mi corazón con gratitud al Señor por Su paciencia y persistencia. Samuel vivió durante una época cuando escuchar a Dios era algo que «escaseaba» (**1 SAM. 3:1**). Él no habría estado acostumbrado al sonido de la voz de Dios. De hecho, es probable que nunca la hubiera escuchado antes. Después de todo, era apenas un niño. No obstante, Dios habló una y otra vez para acomodarse a la inmadurez de Samuel y a su falta de experiencia. Y Dios, «que es rico en misericordia» (**EF. 2:4**) y que conoce nuestra debilidad, a menudo nos perseguirá una, otra y otra vez. Él nos dará por gracia una oportunidad continua para detectar y discernir lo que Él está diciendo y para responder en obediencia.

> ¿Cómo es que ser consciente de la persistencia de Dios alivia cualquier sentimiento de condenación en cuanto a tu propio crecimiento y madurez en aprender a escuchar a Dios?

> Busquemos un pasaje más. Ve a Juan 4:7-26 y profundiza en él para encontrar estas observaciones:

> ¿Cuántas veces habló Jesús a la mujer samaritana en este pasaje?

> ¿Qué palabras prueban que ella no sabía que estaba hablando con el Mesías?

> ¿Qué palabras utilizó Jesús para identificarse a sí mismo con claridad?

Jesús estaba consciente de que la mujer no sabía con quién hablaba. Y, a pesar de esto, en lugar de ofenderse por su falta de reverencia hacia su Deidad, Él respondió sus preguntas y habló con gracia de las

preocupaciones de ella hasta que sus ojos fueron abiertos y ella supo…
supo que el que estaba hablando con ella era en verdad el Mesías.

¿Te anima esto tanto como a mí? A pesar de nuestra tendencia a no reconocer Su voz, Él sabe lo que está en nuestro corazón, iluminará de manera consistente nuestros caminos con indicios internos del Espíritu Santo y las hará corresponder con confirmación persistente y externa que hacen que la voz de Dios sea más clara.

VER LA LUZ

Las personas utilizan la palabra *serendipia* para inferir que las estrellas se alinearon y que las circunstancias de su vida señalaron hacia una dirección en específico. El no creyente también podría llamar a esto karma, destino o coincidencia. Los que leen la palma de la mano y los astrólogos dependen de esto para su supuesto negocio. Sin embargo, el creyente sabe que la serendipia no tiene nada que ver con la astrología ni con la numerología. De hecho, el único papel que juegan las estrellas es ser la obra de Aquel que las creó.

Cuando queremos conocer el plan de Dios para nuestra vida, no debemos buscar señales místicas separadas de una fuente viva. Debemos esperar la confirmación continua de Su voluntad, otorgada de manera deliberada para ayudarte a iluminar tu camino. Cuando Él te habla en tu interior y luego provoca otros eventos para confirmar lo que está diciéndote, no es coincidencia, ni suerte, ni azar. Lo más probable es que sea Su mano soberana que dirige las circunstancias para conducirte a Su voluntad. Cuando Dios habla, lo hace de manera persistente.

Hace algunos años, me pidieron que formara parte de un proyecto de ministerio que buscaba enfatizar la importancia de la oración y de escuchar a Dios, en específico mediante el silencio y la quietud. Como con cada oportunidad que llega a nuestra oficina, mi esposo y yo buscamos la dirección de Dios sobre si debíamos o no participar. No conocíamos de manera personal a la gente que producía este recurso ni a los demás que formaban parte del proyecto. Estábamos un poco preocupados, pero, a pesar de esta falta de familiaridad, le pedimos a Dios que nos indicara si debíamos participar.

Esta fue la razón: Primero, yo me vi intrigada de inmediato por el tema. Algo dentro de mí (yo diría *Alguien*) provocó que mi respuesta inicial fuera un agudo sentido de entusiasmo y de pasión. En ese tiempo, estaba bien metida en mi trayecto personal por entender de verdad cómo escuchar a Dios y desarrollar más mi propia vida de oración. Las disciplinas del silencio y de la soledad estaban en ese momento presentes de manera continua en mi mente. Además, muchas de las conversaciones que tenía con mis mentores y amigos, así como todos los libros que estaba leyendo en ese momento, señalaban de manera específica a estos elementos fundamentales de nuestra fe. El momento en que se juntaron todas estas cosas no podía ser coincidencia, ¿o sí?

Como si eso fuera todo, el domingo antes de determinar nuestra respuesta, una mentora de confianza que conocíamos desde hacía mucho tiempo me buscó antes del servicio en la iglesia para decirme que quería hablar conmigo sobre cómo la disciplina de la oración podía ser más efectiva y poderosa en mi vida y ministerio. Ella no tenía idea de que nos habían pedido que participáramos en un proyecto sobre este tema en específico. Ella simplemente se sintió movida a decírmelo por el Espíritu de Dios.

> Cuenta estas diferentes confirmaciones conmigo. ¿Cuántas puedes ver?

> ¿Qué tipo de categorías, actividades y otras áreas de la vida representan?

> ¿Por qué importó que yo observara esto?

Ese no fue el final de la historia. Después de que terminamos el proyecto, recibimos muchas preguntas, preocupaciones y críticas de otros. Y no me refiero a unas pocas; estoy hablando de docenas. La mayoría de ellas eran de personas que parecían encontrar satisfacción en causar un gran revuelo por cosas que carecen de demasiada importancia. (Te has encontrado con ese tipo de gente, ¿no es así?). Sin embargo, aunque la mayoría de las acusaciones no tenían fundamento, fuimos cuidadosos en considerar todo lo que nos había sido señalado. No queríamos alentar la discordia ni ignorar problemas que sí debían ser aclarados. Recuerdo haber derramado una que otra lágrima en el proceso y perder un poco de sueño por todo esto.

Después de que esta situación se había prolongado un poco, mi esposo me recordó con cuánta diligencia habíamos buscado a Dios cuando esta oportunidad surgió por primera vez. Él recordó las maneras persistentes en que habíamos visto Su mano confirmar y guiarnos en la dirección que elegimos. En ese momento, una ola de certeza inundó mi corazón, un fuerte sentido de aprobación divina.

Porque, ¿sabes qué? Dios *sí* nos había dirigido a esa decisión de manera persistente. Y nosotros habíamos seguido Su voz con todas nuestras fuerzas. Yo sabía esto con certeza. No estoy diciendo que no hubiera posibilidad alguna de haberlo escuchado mal, pero definitiva- mente habíamos seguido las luces de la pista antes de aterrizar.

Hasta este día, si surge alguna cuestión en torno al proyecto, no me siento abrumada por la inseguridad de haber hecho o no lo correcto. Las confirmaciones *persistentes* del Señor me lo siguen confirmando.

> ¿Alguna vez has tenido alguna experiencia similar donde la certeza de las confirmaciones de Dios acalló las críticas que estabas recibiendo de otros?

> A continuación, escribe una lista de las cosas que Dios permitió o no permitió que sucedieran para confirmar Su instrucción hacia ti.

> ¿Cómo disiparon estas confirmaciones la desaprobación de otros?

Distingue entre las críticas innecesarias y el consejo sabio de mentores y de líderes. La certeza persistente de Dios debe ayudar a acallar las críticas superfluas, pero Su guía será confirmada y resaltada por aquellos que son autoridades espirituales legítimas en tu vida. Permite que el consejo de tus mentores tenga el suficiente peso.

El Espíritu habla de manera *persistente* porque Él quiere que te ali- nees con la voluntad de Dios. A medida que escuchas con paciencia y en oración, con un corazón preparado para obedecer, a menudo notarás que surge un patrón consistente, un patrón que te ofrece un lugar claro para aterrizar.

PERSONAL:

ÉL CONOCE MI NOMBRE

«Sé que el Señor me está hablando de manera personal cuando leo mi Biblia y un versículo o pasaje en particular me parece como iluminado; tan solo resalta en la página y parece que escucho un susurro cariñoso e inaudible a medida que siento la confirmación en mi corazón».

—ANNE GRAHAM LOTZ

Mis tres hijos son tan diferentes que casi parece imposible que puedan serlo más. La mayoría del tiempo, su papá y yo nos sorprendemos de que todo eso haya salido de los mismos dos padres. Ya que sus personalidades y características son tan únicas, siempre estamos conscientes de nuestra necesidad de criarlos de manera individual.

Como la mayoría de los padres, intentamos operar bajo un conjunto colectivo de normas. La mayoría de las reglas y privilegios en nuestra casa aplican para todos los niños. Sin embargo, en ocasiones uno de ellos necesita un método más personalizado para asegurarse de estar *escuchando y entendiendo de verdad* lo que Jerry y yo intentamos comunicarle. Me parece que siempre estoy buscando discernimiento de parte de Dios para saber la mejor manera de motivarlos, entrenarlos y corregirlos. Necesitamos que nos ayude a saber qué mueve a cada uno de ellos y cómo comunicarnos de manera más clara en ese momento a ese hijo en específico.

Cuando el Espíritu Santo nos guía, no solo lo hace de forma *persistente*, sino también de manera *personal e individual*. Por supuesto, muchas de Sus instrucciones son colectivas, diseñadas para la totalidad del cuerpo de Cristo. Sin embargo, Él a menudo comunica instrucciones personalizadas para indicar cómo un individuo debe llevar a cabo esas instrucciones generales, con base en la meta específica que Él los ha llamado a alcanzar.

El Espíritu Santo me guía de forma _____ e _____.

Esta característica de la voz de Dios logra dos cosas: Primero nos da la confianza de que nos conoce lo suficiente bien para hablar de manera que solo nosotros lo escuchemos. Segundo, significa que debemos ser cuidadosos de no encajonar a otros en una instrucción divina que fue diseñada de manera específica para nosotros.

La naturaleza personal de la voz de Dios logra dos cosas:

Primero, _____

Segundo, _____

LLAMADO POR NOMBRE

Quiero que comencemos a enfocarnos hoy con unas preguntas que debes responder con honestidad. (Digo «con honestidad» porque la mayoría de nosotros nunca admitiría estas cosas en voz alta). Coloca una X en la casilla adecuada y, si lo deseas, utiliza el espacio en el margen para dar una respuesta más detallada.

○ SÍ ○ NO   ¿Alguna vez te has sentido con la necesidad de ser más como otra persona, tal vez como alguien de quien admiras su vida espiritual, para poder escuchar a Dios?

○ SÍ ○ NO   ¿Alguna vez te has preguntado si necesitas acumular más de algo (más conocimiento, más experiencia, más fe, más confianza o cualquier otra cosa) para poder escuchar la voz de Dios?

○ SÍ ○ NO   ¿Alguna vez te has preguntado si ser nuevo creyente o ser joven en tu crecimiento espiritual es lo que te impide ser capaz de buscar a Dios?

○ SÍ ○ NO   ¿Alguna vez te has preguntado si tus errores pasados hacen que Dios no quiera hablar contigo?

Sospecho que respondiste *sí* a al menos uno de estos impedimentos.

Muchas veces en mi vida, he respondido sí a la primera pregunta. He deseado ser más como otros creyentes de quienes la relación con Dios me parecía más profunda e íntima que la mía. Las comparaciones siempre llevan a un sentimiento de condenación y de desesperanza.

También he sentido la presión de la segunda pregunta. Muchas personas igualan un mayor conocimiento con oídos espirituales perceptivos. Aunque la edad y el conocimiento teológico de manera definitiva pueden ayudar a alguien a escuchar a Dios, ninguna de las dos cosas lo garantiza.

En cuanto a la tercera pregunta, he descubierto que algunos de los corazones más sensibles hacia Dios son de nuevos creyentes que están perceptivos a Su Espíritu, sensibles a Su guía y dispuestos a obedecer.

Más aún, al pensar en la última pregunta, Dios sabe dónde nos ubicamos cada uno en nuestro caminar con Él, y Él puede traspasar el ruido de fondo de nuestro ambiente, de nuestros errores y de nuestras dudas para hablarnos.

¿Observaste en la lección de ayer que, cuando Dios habló al niño Samuel, lo llamó por nombre? «¡Samuel, Samuel!» **(1 SAM. 3:10)**. Cuando Jesús quiso captar la atención de una mujer cansada que buscaba el cuerpo de Su Señor crucificado en la tumba, le dijo: «¡María!» **(JUAN 20:16)**. Antes de eso, Él había cautivado la atención de un futuro discípulo suyo llamado Natanael al mostrar que lo conocía de primera mano (Juan 1:47-48). Y más tarde, asombraría a un hombre determinado que viajaba a Damasco al llamarlo desde una luz cegadora: «Saulo, Saulo» **(HECH. 9:4)**, a pesar de que el celote religioso se hallaba en una cruzada contra el crecimiento del cristianismo.

En cada caso, Dios mostró que los *conocía*. A pesar de su situación y de sus fallas, Él supo cómo agudizar sus sentidos para que lo escuchen. Ellos no eran superestrellas espirituales. Algunos ni siquiera eran seguidores suyos todavía, aunque después lo fueron. Sin embargo, sin importar dónde se hallaban, en un templo como el niño (Samuel) o bajo la sombra de una higuera pensando en sus propios asuntos (Natanael), Él los encontró y les habló de manera *personal*.

Con el claro uso de nombres y de características individuales al dirigirse a estos personajes bíblicos, Dios nos da una idea de la manera personal en que Él se comunica. Él siempre ha buscado que Su relación con nosotros sea personal, una en la que nos «llama por nombre» y nos da instrucciones detalladas según lo que Él quiera lograr en nuestra vida individual.

Sin embargo, una nota de advertencia: Cuando esta hermosa distinción de la voz de Dios se encuentra con el pecado en nuestro corazón (orgullo, codicia y actitudes de juicio), a veces podemos apropiarnos de Su mensaje personal de maneras que no eran Su intención.

○ SÍ ○ NO   ¿Han intentado otros creyentes esclavizarte a sus propias convicciones?

Si ha sido así, describe a continuación tu experiencia y prepárate para compartirla con tu pequeño grupo. Ten cuidado de no calumniar ni deshonrar a nadie en el proceso.

Sí, cuando Dios pide algo específico de nosotros, con facilidad podemos asumir que también se lo está requiriendo a todos los demás. Si no tenemos cuidado, podemos volvernos legalistas y juzgar a otros y volver esclavos a otros creyentes.

Es cierto que la Biblia contiene muchas declaraciones y principios radicales, cosas que aplican en todo momento, en todo lugar y a cada persona. La verdad no es relativa. Es un estándar objetivo. Cualquier instrucción personalizada que Él te ponga delante nunca manipulará ni pervertirá Su Palabra. Aun así, no puedes pedir que todos los demás tengan la misma *aplicación personal* de la verdad a la que Dios te ha guiado. Tampoco puedes usarla para juzgar la seriedad de su devoción a Cristo. Ni puedes sentirte la víctima por lo que te está costando en lo personal.

Si Él está llamando a una mujer joven a ser una madre de tiempo completo, el Espíritu Santo puede darle una convicción personal de no trabajar fuera del hogar. Si Él está dirigiendo a una mujer mayor a liderar un estudio bíblico, Él puede darle una convicción de sacrificar algunas actividades aceptables y legítimas tan solo porque están quitándole tiempo de su estudio y preparación personal. Si Él está hablando a alguien sobre suplir una necesidad o una lucha espiritual en su vida o sobre adoptar un enfoque de oración a largo plazo, Él puede convencer a esa persona de incorporar algún tipo de ayuno extendido o posiblemente reajustar sus horarios laborales para distribuir el tiempo en el día de manera diferente.

Cualquier indicación de este tipo está diseñada de forma particular por Dios para fomentar las necesidades de ese hombre o mujer de manera *personal*. Sin embargo, aunque debe ser diligente en obedecer esta instrucción, él o ella debe resistirse a buscar convertirse en el Espíritu Santo de otro. Dios mismo se encargará de dirigir a los demás.

¿De qué maneras te has sentido tentado (o tal vez caído en la tentación) de imponer tu convicción personal a alguien más?

MISMO DESTINO, DIFERENTES DIRECCIONES

A medida que Dios nos guía en nuestro caminar hacia Él, cada uno avanza por rutas diferentes. El Espíritu Santo nos traza mapas individuales que tenemos que seguir. Una vez más, tan solo quiero asegurarme de ser clara: La autoridad de la Palabra de Dios es universal e incuestionable. No todos los caminos conducen a Dios ni a obedecerlo. No obstante, en nuestra relación personal con Él, encontramos diferentes planes y ocupaciones que toman en consideración Sus deseos personales para nosotros como individuos distintos.

Otros pueden no escoger nuestro camino, y *no deberían*, si no es parte de su plan. Tampoco debemos retarlos en cuanto a *su* ruta, quizás a menos que esté en juego un principio bíblico. Debemos dar a otros la libertad de seguir en obediencia el sendero que han determinado en oración que es el mejor para ellos.

Pablo enseñó sobre este tema en Romanos 14. La iglesia en Roma estaba compuesta tanto de judíos como de gentiles. Sus diferentes trasfondos culturales provocaban puntos de vista divergentes en muchos asuntos, incluyendo si debían o no disfrutar de ciertos alimentos. Pablo utilizó esto como ilustración de cómo debemos tratar con nuestras libertades y limitaciones como creyentes y de cómo debemos tratar a otros que piensan diferente que nosotros.

Con base en Romanos 14:1-6, marca cada afirmación como verdadero (V) o falso (F).

V | F   1. Mi respuesta a los que tienen opiniones diferentes de la mía debe ser aceptación (v. 1).

V | F   2. Dios otorga un favor especial a aquel que elige una acción que aparenta ser más piadosa (v. 3).

V | F 3. No solo soy responsable ante mi Maestro por mis acciones, sino también ante otros creyentes (v. 4).

V | F 4. Como cristiano, tengo la responsabilidad de juzgar las acciones de otros (v. 4).

V | F 5. La única persona que debe estar convencida en cuanto a las acciones que elijo soy yo (v. 5).

V | F 6. El Espíritu Santo puede dirigir a dos personas a hacer dos cosas diferentes donde ambas glorifican de la misma manera a Dios (v. 6).

El Espíritu Santo nos dirige según Su plan, un plan que puede llevar a dos creyentes en direcciones diferentes, aunque ambos amen de la misma manera al Señor. Mientras estas acciones caigan bajo los lineamientos de la Escritura y mientras las dos personas estén siguiendo al Señor en obediencia, ambas pueden traer gloria a Dios. Nuestra responsabilidad es simplemente asegurarnos de estar siguiendo la guía de Dios en nuestra vida. *(Los números 1, 5 y 6 de las respuestas anteriores son verdaderos)*.

¿Eres culpable de juzgar a otros según tus propias convicciones personales?

○ SÍ   ○ NO   ○ No estoy seguro

Si es así, escribe en el margen las iniciales de los que has juzgado de esta manera.

Pide perdón a Dios por el juicio que has colocado sobre ellos. A medida que ofreces a cada persona al Señor en oración, traza una línea que atraviese sus iniciales para simbolizar que los liberas de esa esclavitud que has creado. Si tu trato ha lastimado a alguien de alguna manera, considera en oración pedirle perdón a esa persona.

La Palabra de Dios y Su verdad son globales y abarcadoras. Sin embargo, las convicciones que Él da a menudo son bastante específicas y personales. Si aprendes a percibir la diferencia, tanto para ti como para otros, pondrás por obra el plan que Él tiene para *ti* con mayor libertad.

No debemos cambiar nuestras convicciones según las acciones de otros. Tampoco debemos juzgar a otros según lo que Dios nos pide de manera personal. Las convicciones de este tipo pueden ser personales.

SU PALABRA:

UNA LÁMPARA A MIS PIES

«Sé que el Señor me está hablando cuando es confirmado por la Escritura. Dios nos ha dado las cosas que pertenecen a la vida y a la piedad en Su Palabra (2 Ped. 1:3). Él nunca se contradice a sí mismo y nunca actúa en contra de Su carácter».

—KAY ARTHUR

Tengo una carrera en periodismo televisivo en la Universidad de Houston. Durante mi segundo año, una de mis clases pedía que cada estudiante entrevistara a una personalidad admirada en la comunidad y escribiera una historia sobre ella con integridad periodística y detalle. Me lancé de lleno a esta tarea, emocionada por obtener una entrevista con una de las conductoras de noticias más importantes de la ciudad, Melanie Lawson.

El día que entré a su oficina, en la oficina del noticiero, me sentí como una profesional de carne y hueso. Le estreché la mano, me senté en un sillón acojinado en frente de su escritorio y tomé la lista de preguntas que había preparado. Ella fue bastante amable y las contestó una por una. Yo tomé notas, pero no demasiadas. En mi arrogancia juvenil, estaba segura de poder retener la información en mi mente. Yo era una periodista demasiado prometedora para tareas tan mundanas y aburridas como grabar y tomar notas. *Bah.*

No fue sino hasta después, cuando me senté en el escritorio de mi dormitorio para escribir el artículo, que me di cuenta de que no tenía (ni cerca) suficiente información para alcanzar el mínimo indispensable. Avergonzada, la llamé de vuelta para volver a hacerle algunas preguntas. Más de una vez, en realidad. Después de la segunda llamada, me regañó (con amabilidad, aunque con firmeza) y me dijo que, si hubiera tomado un poco más en serio nuestra reunión, si hubiera escuchado y tomado mejores notas la primera vez, no me encontraría en esta situación.

Ella tenía razón.

A medida que el Señor me ha enseñado a escuchar Su voz, estoy aprendiendo una lección similar. La Biblia es el canal principal mediante el cual Dios revela Su palabra y Sus designios para mí (para todos nosotros). Si me siento con él, indiferente a medias ante lo que expresa, no es probable que obtenga la claridad que necesitaré más adelante. En cambio, si valoro y priorizo mis encuentros con Él y soy cuidadosa en anotar y retener lo que Él *ya ha dicho* en la Escritura, encontraré dirección para mis circunstancias presentes y futuras.

Escucha con atención: La Biblia es la manera principal en que Dios habla. No solo es la forma principal de escucharlo, sino que también establece los límites dentro de los que caerá todo lo demás que Él pueda decirte. Si ignoras esta forma primordial de comunicación divina, nunca escucharás a Dios con claridad.

La Escritura es la _____ _____ en la que Dios habla y establece los _____ dentro de los que cae todo lo demás que pueda decirte.

Toma un momento para digerir estos dos niveles en los que la Palabra de Dios nos ayuda a escucharlo. Explícalos con mayor profundidad, en tus propias palabras, a continuación.

CÓMO ESCUCHAR LA PALABRA

¿Reconoces el nombre del autor Henry Blackaby? ¿Sí? ¿No? Si tu respuesta fue negativa, necesitas familiarizarte con él, con sus escritos y con su ministerio cuanto antes. Su libro y estudio bíblico *Experiencing God* [Experimenta a Dios] son lectura obligatoria. He tenido el privilegio de encontrarme con el doctor Blackaby en dos ocasiones. Gracias a Dios, la dos estuvieron separadas por suficientes años que probablemente no se dio cuenta de que le hice las mismas preguntas ambas veces. Intrigada por su devoción personal y su fervor por el Señor, le pedí que me describiera cómo reconoce la voz de Dios en su propia vida. Su respuesta fue:

«En realidad, es bastante sencillo. Siempre leo la Palabra de Dios. El Espíritu Santo la utiliza para presentarme la mente y el corazón de Dios. Cuando el Espíritu Santo habla mediante Su Palabra, siempre sé que conozco la voluntad de Dios y que puedo avanzar».

Existe tanta sabiduría en estas palabras sencillas. Tal vez, deberías volver a leerlas.

A medida que buscas escuchar al Espíritu Santo hablar en la Escritura, estarás afinando tus oídos espirituales para identificar ese momento cuando un pasaje, versículo o frase, a veces una sola palabra, cautiva tu atención de manera sorprendente y dirige tus pensamientos hacia él y hacia su aplicación en una situación específica de tu vida.

El Espíritu Santo ordena estos eventos. *¡Él habla!* A menudo, lo hace tan solo para encender tu adoración, para que reconozcas de nuevo alguna faceta gloriosa del evangelio. En otros momentos, el versículo de la Escritura puede hablar directamente de un evento actual, crisis o decisión que necesites tomar. De esta manera, la Biblia es «viva y eficaz, y más cortante que toda espada de dos filos» **(HEB. 4:12)**. Corta y penetra, mueve y convence, dirige e instruye, renueva y redirige, cambia y transforma… todo al mismo tiempo. Cuando lees la Escritura y sientes que un versículo en particular *te atrapa*, lo más probable es que sea el Espíritu Santo que te está hablando.

Recuerda un momento cuando un versículo o pasaje de la Escritura pareció estar subrayado o personalizado específicamente para ti. ¿Qué hiciste (si es que hiciste algo) para anotar o marcar este momento?

Subraya los verbos de acción en el siguiente versículo:

«Pero María atesoraba todas estas cosas, reflexionando sobre ellas en su corazón» **(LUC. 2:19, LBLA)**.

¿Cómo puedes comenzar a «atesorar» la Palabra de Dios en ti?

Marca el momento. En mi Biblia, he escrito fechas en los márgenes cuando y donde el Señor ha utilizado un versículo para hablarme sobre algo en específico. Al hojearla, puedo ver un historial, una línea de tiempo de la Palabra de Dios a la que siempre puedo regresar.

Hemos perdido el arte de *atesorar* y de *reflexionar*. No sé exactamente cómo María, la madre de Jesús, «atesoró» los eventos que
rodearon su inesperada participación con el Hijo de Dios, pero la
redacción original implica defender, preservar y proteger.[3] Ella pro-
tegió lo que había descubierto sobre Él. Determinó no solamente
sorprenderse y maravillarse por esto, como los demás (Luc. 2:18), sino
tomar un paso más adelante y registrarlo con valentía. Ella meditó
sobre esto, le dio vueltas y lo guardó para protegerlo.

Tristemente, nuestra postura indiferente hacia la maravilla de la
Palabra de Dios es un factor fundamental en nuestra dificultad para
escucharlo. Cuando escuchamos Su Palabra, pero no la atesoramos
como una alhaja irremplazable, nos perdemos de sus beneficios de
largo plazo. El momento se esfuma. Luego, un mes más tarde, no
podemos recordar los detalles de lo que leímos y nos pareció importante en aquel momento. *No permitas que esto suceda.* Cada vez que
detectes las huellas dactilares de Dios obrando e interviniendo, cada
vez que escuches el poderoso susurro del Espíritu Santo hacer eco en
tu corazón, sé rápido para preservarlo de manera que no olvides con
facilidad lo que Él ha dicho.

> Lee cada versículo y, luego, parafraséalo en el espacio
> proporcionado.
>
> Juan 16:13
>
>
>
> 2 Timoteo 3:16

La Palabra es demasiado valiosa como para que la dejemos escapar
sin prestarle atención; no son meras palabras. Es Dios quien te está
hablando y guiando «a toda la verdad» (JUAN 16:13).

Tenemos un amigo cuya esposa está eligiendo dejar su matrimonio.
Ella comenta haberse enamorado de otro hombre que la hace «más
feliz» que su actual marido. Después de un año de infidelidad, tanto
emocional como física, está convencida de que Dios le ha dado
Su aprobación y (escucha esto…) Su bendición para abandonar su

«aburrido matrimonio y cambiarlo por una relación más satisfactoria». Ella me ha dicho que su elección no solo es lo mejor para ella, sino también para su actual pareja y familia. Ella incluso cita varios versículos que parecen corroborar su decisión. Su convicción le parece tan profunda y auténtica que ninguna cantidad de palabras puede convencerla de que *no* se trata del Espíritu de Dios dándole la libertad de moverse hacia adelante; en cambio, de manera evidente está siendo desviada por los convincentes engaños del enemigo.

> «El mismo Satanás se disfraza como ángel de luz».
> **2 CORINTIOS 11:14**

Describe un momento cuando sentiste el deseo de hacer algo que contradecía la Escritura.

Si, quizás seguiste tus propios sentimientos o intelecto en lugar de la Escritura en este asunto, ¿qué sucedió como resultado? ¿De qué pudo haberte librado Dios?

Cuando *sí* seguiste la Escritura, a pesar de lo que sentiste o pensaste, ¿qué sucedió gracias a esa obediencia?

Incluso la palabra personal de Dios siempre quedará dentro de los límites de Su Palabra escrita.

Para los que escuchan, identificar las instrucciones de Dios en asuntos de principios donde su voluntad es expresada de manera explícita en la Biblia (como en el ejemplo del matrimonio que acabo de mencionar) es bastante evidente. Sin embargo, ¿qué hay de asuntos más grises? ¡Ah, incluso entonces, la Escritura es tu respuesta! No es un simple libro de consulta donde buscas un tema y te saltas todo lo demás para luego cortar y pegar una fórmula. Es la Palabra viva de Dios. El Espíritu *habla* a través de ella y aplica pasajes que al principio parecen impersonales, irrelevantes o anticuados para tu situación en particular. A la luz de Su guía reveladora, ahora parecen oportunos e invaluables.

¡Este Libro está *vivo*!

SATURADO DE LA PALABRA

Mientras más Escritura tengas guardada en tu corazón, más ofrecerás a Dios la oportunidad de utilizarla en tu vida. Esta es una de las razones por las que debes priorizar tu tiempo con Él. Es nuestro pan diario; nos nutre, anima y refresca de todas las maneras posibles. A través de la Biblia, conocemos mejor a Dios y recibimos entendimiento para vivir.

Ordena las siguientes actividades diarias del 1 al 10 donde 1 es la que más priorizas y 10 la que menos. *(También puse un espacio en blanco, por si no incluí alguna de tus prioridades).*

____ Mirar televisión

____ Ser atento a asuntos espirituales (estudio bíblico, oración)

____ Leer periódicos

____ Navegar en internet

____ Escaparte en una novela

____ Trabajar

____ Hablar por teléfono

____ Realizar otros pasatiempos

____ Pasar tiempo con la familia

____ Pasar tiempo en redes sociales

____ Algo más _____

Ninguna de estas actividades está mal, pero ¿qué te dicen tus prioridades de tu consideración a Dios y a Su Palabra escrita?

Nuestras prioridades se reflejan en lo que designamos y tratamos como más importante que otra cosa.

La mayoría de nosotros sentimos que no tenemos suficiente tiempo para meditar sobre la Palabra de Dios, pero, seamos honestos. Tenemos tiempo para cualquier cosa a la que le asignemos un tiempo. Todo se reduce a tus prioridades. Si tomas en serio volver a priorizar a Dios y Su Palabra en tu vida, comienza aquí: Toma uno o dos versículos a la semana y escríbelos en tarjetas. Duplícalos y pégalos en algunos de los lugares más visibles por donde pasas durante el día, como el cubículo de tu oficina, el espejo de tu baño o el volante de tu automóvil.

Cada mañana, durante siete días, sumérgete en estos versículos, mientras te lavas la cara, te cepillas los dientes y realizas tus actividades del día. Pide al Señor que te hable y que te enseñe en Su Palabra a medida que meditas en ella todo el día. De manera consciente, recuerda estos versículos en tus actividades. Pídele que te muestre cómo aplican a los escenarios prácticos que enfrentas. Al final de la semana, te garantizo que cada uno de estos versículos estará grabado en tu corazón y en tu mente.

Escoge dos de los siguientes versículos para meditar esta semana. Escríbelos en tarjetas y colócalos donde más a menudo puedas verlos.

- Salmos 25:14
- Salmos 27:13-14
- Isaías 33:6
- Sofonías 3:17
- Romanos 8:35-37
- Gálatas 5:1

Semana tras semana, tan solo continúa incrementando tu colección de versículos. Siempre hay más. Nunca se terminan. Tienes un suministro de por vida. Una vida entera de escuchar a Dios al escuchar Su Palabra.

PAZ:

ARMONÍA

En la universidad, fui parte de una hermandad cristiana que brindaba alternativas para mujeres cristianas que no querían participar en hermandades seculares. Disfruté mucho mi tiempo con este grupo. Compartimos momentos muy buenos. Tuvimos muchas experiencias excelentes. También escogí unirme a otra hermandad más tradicional en el campus. Muchas de las chicas creían de verdad que unirse a una hermandad secular desagradaba a Dios. En cambio, ¿yo? Yo creía que el Señor me había dado la libertad de hacerlo si lo deseaba. Y en realidad no veía (ni me importaba) cómo mi decisión podría afectar a otros.

Sin embargo, sí lo hizo. Provocó algunas preguntas, en especial entre las mujeres más jóvenes de nuestro grupo cristiano, algunas de las cuales eran nuevas creyentes que me tenían en alta estima. Lo que hice en verdad las molestó. Hizo que su confianza en mí y en lo que representaba se viera sacudida. Hoy, todos estos años después, miro hacia atrás y veo que mi libertad creó divisiones innecesarias entre las hermanas. Por esta razón, fue la decisión incorrecta. Y, si yo hubiera estado escuchando la voz de Dios, en lugar de aplacando mi propio orgullo, habría priorizado más la armonía entre mis amigas. Habría visto la disensión que estaba provocando mi decisión y la habría tomado como la señal de no avanzar.

Porque perturbó nuestra paz.

La paz es una faceta importante al escuchar con precisión a Dios porque Él desea unidad y edificación mutua dentro del cuerpo de Cristo. La Escritura nos insta a ser «solícitos en guardar la unidad del Espíritu en el vínculo de la paz» **(EF. 4:3)**. Debemos *buscar* la paz con otros.

> En tus propias palabras, ¿qué hace que la paz sea una cualidad tan valorada en el cuerpo de Cristo? *(Ef. 2:13-22 te ayudará a formular tu respuesta).*

Nombra algunos ejemplos que hayas visto donde la paz no fue tratada como una prioridad por encima de otros deseos más gratificantes a nuestro ego.

PAZ EN LAS RELACIONES

Al inicio de esta semana, vimos la ilustración de Pablo en Romanos 14 sobre participar de diferentes tipos de alimentos. Los creyentes con trasfondos gentiles comían libremente todas las cosas, mientras que muchos con trasfondo judío observaban leyes ceremoniales con respecto a la comida y su conciencia les impedía comer cosas sacrificadas a los ídolos. ¿Cuál fue el consejo de Pablo? Permanece fiel a tu propia convicción en asuntos discutidos como estos. *Sin embargo*, también ofreció una advertencia.

Ve a Romanos 14:19-20 en tu Biblia y enfócate en el versículo 20. ¿Cuál es el principio central que Pablo trató en este versículo?

> «Pero la sabiduría que es de lo alto es primeramente pura, después pacífica, amable, benigna, llena de misericordia y de buenos frutos, sin incertidumbre ni hipocresía».
>
> **SANTIAGO 3:17**

La obra de Dios es mucho más importante que cualquier asunto trivial como qué tipo de comida consumir (o a qué hermandad unirte, ¡por favor!). Se supone que debemos buscar la paz y edificarnos unos a otros. Pablo dejó esto en claro cuando dijo: «Bueno es no comer carne, ni beber vino, ni nada en que tu hermano tropiece» **(ROM. 14:21)**. Antes de ejercer lo que sentimos que es nuestra libertad, debemos estar conscientes de la manera en que estamos afectando a otros.

Cuando el Espíritu Santo abre tus ojos para ver que un hermano creyente puede estar siendo lastimado por lo que vas a hacer, esta es, en general, Su manera de decirnos: «¡Ahora no!». No significa que hayas perdido para siempre tu libertad, sino que no debes disfrutar de ella en ese momento. Seguir la paz e impedir que un hermano tropiece es más importante que tus libertades personales.

Ve a Santiago 3:14-18 en tu Biblia. Santiago describe cómo podemos discernir la sabiduría de Dios. En el versículo 17 (en el margen), subraya todas las palabras descriptivas que indican sabiduría divina. Encierra cualquiera que enfatice el principio de la lección de hoy.

Ahora, mira el versículo 14 (en el margen). Coloca un asterisco junto a las palabras descriptivas que indican una influencia «diabólica» (v. 15) en nuestra vida.

Utiliza el espacio a continuación para anotar cualquier indicador que hayas sentido, pensado u observado sobre un área específica de tu vida donde ahora mismo estés buscando discernir la guía de Dios. ¿Cuáles entran bajo la sabiduría de *Dios* o la *diabólica*, según este pasaje?

SABIDURÍA DE DIOS	SABIDURÍA DIABÓLICA

> «Pero si tenéis celos amargos y contención en vuestro corazón, no os jactéis, ni mintáis contra la verdad».
> SANTIAGO 3:14

Ahora, en oración, considera lo que has descubierto en estos versículos y en las respuestas a estas preguntas según la tabla que acabas de llenar. ¿Qué percibes que Dios te está diciendo sobre Su voluntad para esta situación ahora?

PIEDRA DE TROPIEZO

Mi hermana Chrystal (Dios la bendiga) se tropieza y se cae más que cualquier otra persona que conozca. Como familia, nos hemos reído mucho de su torpeza. Siempre que sube o baja escaleras, en especial cuando lleva algo en brazos, mi mamá y yo aguantamos la respiración con temor. Hacemos todo lo que podemos para limpiar el camino por el que va a pasar y prevenir una catástrofe porque sabemos que es fácil que se tropiece.

Como creyentes, nuestra meta debe ser limpiar el camino por el que van a pasar aquellos que tienen tendencias a tropezarse; debemos protegerlos de una consciencia debilitada o de un compromiso frágil al Señor. A pesar de esto, si no tenemos cuidado, el enemigo puede tomar ventaja de nosotros, incluso en nuestros intentos de ser considerados. Él puede transferir la presión que sentimos por mantener seguros a otros creyentes y volverlos zonas de esclavitud para nosotros donde perdemos la habilidad para disfrutar de nuestra libertad por estar constantemente preocupados sobre cómo afectará a otros. ¿Sabes de qué hablo? ¿Alguna vez lo has sentido?

Puedo pensar fácilmente en docenas de ejemplos donde esta tensión puede surgir. ¿Deben las opiniones de los demás ser nuestra guía principal en cuanto a lo que decidimos hacer? ¿Son un sustituto para nuestra consciencia? ¿Qué tan preocupados debemos estar sobre lo que otras personas piensan? ¿Qué pasa si tratar de ser cuidados con los sentimientos de una persona o de un grupo nos pone en riesgo de alterar la paz con alguien más? ¿Acaso no dijo Pablo, en otro contexto: «Si yo todavía estuviera tratando de agradar a los hombres, no sería siervo de Cristo» **(GÁL. 1:10, LBLA)**?

He descubierto que el siguiente es un buen consejo en este balance entre la libertad y la paciencia. Para que alguien pueda tropezarse (la advertencia que Pablo hizo al principio de Romanos 14), la persona debe estar *moviéndose*, ¿correcto? En general, moviéndose *hacia adelante*. Si estás sintiendo algo que te anuncia que tienes que esperar, pausar, o si te estás preocupando porque una acción tuya pueda causar que otro se tropiece, pregúntate si la persona o personas que tienes en mente están creciendo, madurando y buscando de manera proactiva a Dios. Estos son por quienes más te debes preocupar. Otros, los que ni siquiera están intentando crecer, los que no están respondiendo a lo que está de manera evidente delante de ellos, es probable que ni siquiera deban ser un factor en tu decisión. ¿Cómo pueden tropezarse si ni siquiera se están moviendo?

○ SÍ ○ NO   ¿Puedes pensar en personas en tu vida que encajan en la descripción «moviéndose hacia adelante»?

Si es así, ¿qué te pide el Señor que hagas con respecto a ellas?

Estar consciente de cómo tus acciones afectarán a otros creyentes es una de las formas en que el Espíritu Santo nos habla. ¿Por qué crees que el enemigo podría no querer que los creyentes reconozcan este elemento de la comunicación personal de Dios con Su pueblo?

Escoge tres de los siguientes versículos. Lee cada uno en tu Biblia y, a continuación, anota cómo te hablan con respecto a una relación actual en tu vida.

- Salmos 34:14
- Mateo 5:9
- Marcos 16:15
- Romanos 12:10
- 1 Corintios 10:33
- Colosenses 3:15

1.

2.

3.

Dios ama la unidad y siempre nos anima a buscar la paz. Al determinar si estás o no escuchando la voz de Dios, pregúntate:

- ¿El mensaje que estoy escuchando impedirá el crecimiento espiritual de otro?

- ¿Provocará conflictos innecesarios entre otro creyente y yo?

Si la respuesta a cualquiera de estas dos preguntas es *sí*, detente y pide al Señor claridad antes de avanzar. Es mejor postergar tus planes y buscar la voluntad de Dios con corazón puro y no buscar hacer nada que pueda sacudir la fe de otro o crear distracciones y conflictos innecesarios que podrían desperdiciar mucho tiempo y explicaciones al final.

Para Dios, las relaciones puras y pacíficas son importantes. Él no nos llevará a estorbar la paz y la unidad en el cuerpo de Cristo. Esto no significa que todos tengan que coincidir con lo que estás haciendo, pero sí significa que tu decisión no provocará que otro creyente tropiece.

Toma tiempo para agradecerle al Señor por las libertades que te ha dado para disfrutar, pero también pídele que te vuelva sensible a otros creyentes. La voz del Espíritu que resuena en nuestro interior nos llama a la paz con nuestros hermanos y hermanas.

EL QUINTO DÍA

Lucas 24 nos ofrece un final emocionante para el relato de este Evangelio. Solo Lucas incluye la historia de los dos hombres (al parecer, ambos son hombres; uno de ellos se llama Cleofas) que viajaban por un polvoriento camino de Jerusalén a su ciudad natal, Emaús. Es probable que estuvieran marchándose de Jerusalén después de las festividades de la Pascua. Este año, por supuesto, la fiesta había sido marcada por una gran confusión y desaliento, acentuados por la estremecedora crucifixión de Jesús de Nazaret, quien afirmó ser el Mesías prometido de los judíos.

Mientras los dos regresaban a casa, dialogaban sobre estos eventos: el juicio de Jesús, Su muerte y sepultura. Se encontraban tan absortos en la conversación que, cuando Jesús mismo se unió a ellos en su pequeña caravana, ni siquiera lo reconocieron como Aquel de quien estaban hablando. *Ellos estaban justo ahí con Jesús y ni siquiera se dieron cuenta.*

Sin embargo, cuando terminó su travesía y conversación con este interesante desconocido, describieron cómo ambos se habían sentido mientras Él estuvo allí.

> Ve a Lucas 24:32 y reescribe este versículo en tus propias palabras.

Considera el *peso* de la voz de Dios. Como un ancla que asegura un barco en altamar, las palabras de Dios llevan un peso que se asienta en lo profundo de tu alma. Sus palabras no son ligeras ni efímeras. Resuenan con autoridad, un ardor profundo y consistente que penetra hasta lo más profundo de tu ser. Incluso cuando Jesús caminó en la tierra, Sus palabras llevaban una influencia única que resonaba en el corazón de todos los que lo escuchaban y los movía al asombro y a la convicción.

Por defecto, en nuestra vida siempre buscamos respuestas con nuestro razonamiento, intentamos sobrevivir por cálculos que hacemos según los datos que obtenemos y por listas de pros y contras. Sin embargo, cuando el Espíritu Santo habla, Sus palabras llegan con una autoridad repentina y apasionada que produce un asombro santo. La autoridad de Su mensaje golpeará tu hombre interior con tanta fuerza que destrozará tu antigua agenda y la remplazará con la Suya.

> Cuando el Espíritu Santo habla, Su voz llega con un poder que te atrapa.

Es Él.

Lo sabes.

Y, tal como los hombres en el camino a Emaús, cuando volteas hacia atrás lo reconoces.

A medida que terminas la lección de esta semana y sellas en oración algunas de estas verdades que Dios en Su poder te ha revelado, considera el *efecto del corazón ardiente* y cómo te ayuda a distinguir la voz de Dios de todas las demás voces en tu vida.

> «Y dije: No me acordaré más de él, ni hablaré más en su nombre; no obstante, había en mi corazón como un fuego ardiente metido en mis huesos; traté de sufrirlo, y no pude».
> **JEREMÍAS 20:9**

_____

_____

_____

_____

_____

_____

_____

_____

_____

LA VOZ DEL ESPÍRITU SANTO

RESUMEN

UNA VEZ QUE HAS TERMINADO TU ESTUDIO DE LA SEMANA, COMPLETA LAS FRASES A CONTINUACIÓN Y REFLEXIONA SOBRE CADA UNA DE ELLAS.

- «Pero cuando venga el Espíritu de verdad, él os _____ a toda la _____; porque no hablará por su propia _____, sino que hablará todo lo que oyere, y os hará saber las cosas que habrán de venir» (Juan 16:13).

- El Espíritu Santo me guía de forma _____ e _____.

- Su Espíritu nos guía «... para que sepamos lo que Dios nos ha _____» (1 Cor. 2:12).

- Cualquier instrucción _____ que Él te ponga delante nunca manipulará ni pervertirá Su _____.

- La Escritura es la _____ _____ en la que Dios habla y establece los _____ dentro de los que mantiene todo lo demás que pueda decirte.

- Nuestras _____ se reflejan en lo que designamos y tratamos como más importante que otra cosa.

EL SONIDO DE SU VOZ

por el doctor Tony Evans

La Escritura afirma que el Espíritu Santo es una Persona. Como tal, posee ciertas cualidades que lo diferencian de un objeto inanimado. Se nos asegura, por ejemplo, que posee emociones, que puede ser «contristado» por nuestras acciones (EF. 4:30). Se nos indica que tiene una «mente» (ROM. 8:27) y un intelecto. Se nos explica que tiene una voluntad (1 Cor. 12:11) y que actúa con propósito e intención. Se le asemeja a una «paloma» (MAT. 3:16), lo que implica que, así como las palomas son aves dulces y sensibles que huyen cuando alguien se les acerca o las amenaza, la voz del Espíritu Santo puede ser fácilmente silenciada si vivimos en oposición a Su carácter santo.

Ahora, ¿cómo sabemos que la voz que estamos escuchando en nuestro espíritu es en verdad la voz de Dios?

Los cristianos hoy tienden a operar entre dos extremos relacionados con escuchar la voz del Espíritu. Una posibilidad es que crean que Él solo habla por la Escritura (de manera objetiva) y que no habla de manera subjetiva para guiarnos en nuestras decisiones diarias. La otra posibilidad es que crean que el Espíritu solo habla de manera subjetiva, que Su voz de alguna manera está separada de las palabras que ya están escritas en la Escritura. Verás esta segunda mentalidad (como Priscilla lo describió) cuando una persona se convence de algo que piensa que Dios le está diciendo, a pesar de que la Escritura claramente condena lo que están pensando, haciendo o diciendo.

Si estás escuchando algo que te lleva a glorificar a Dios, estás escuchando al Espíritu Santo. Si lo que estás escuchando te obliga a rechazar la tentación de agradarte a ti mismo (si rendirte es una lucha notable) estás escuchando al Espíritu Santo y necesitas perseverar. Caminar en el Espíritu te llevará a tomar pasos en tu vida que te dirigirán a cumplir los propósitos de Su reino. Tal

como Pablo dijo: «El reino de Dios no es comida ni bebida, sino justicia, paz y gozo en el Espíritu Santo» (ROM. 14:17).

En mi propia vida, cuando estoy en sintonía con el Espíritu Santo, Él llena mis pensamientos con ideas, direcciones y advertencias. No tengo que hacer nada para que esto suceda; Él tan solo lo hace. Yo siento Su libertad para moverme hacia adelante o Su mano que me restringe, tal como lo hizo en el Nuevo Testamento (Hech. 11:12; 16:6-7). Cuando no estoy seguro, pido confirmación, tal como Gedeón hizo con los dos vellones (Jue. 6:34-40). Veo si esto es confirmado por «dos o tres testigos» (1 TIM. 5:19). Él desea ser escuchado y que nosotros reconozcamos el sonido de Su voz. Por tanto, Él se complace en confirmar Su Palabra.

Demasiados cristianos operan en piloto automático. Se emocionan el domingo en la iglesia y después activan el control de crucero para el resto de la semana, hasta que aterrizan en la iglesia el domingo siguiente. El Espíritu Santo es real y, si nos colocamos espiritualmente de manera correcta, Su voz nos dará instrucciones continuas y personales. Él habla de manera tan sencilla y clara como tú y yo le permitamos en nuestra vida.

El reflejo de Su corazón

intimidad

ÉL ES NUESTRO GALARDÓN

«Qué felices seríamos si tan solo pudiéramos encontrar el Tesoro del que hablan los Evangelios; todo lo demás nos parecería como nada. ¡Cuán infinito es! Mientras más nos esforcemos en buscarlo, mayores serán las riquezas que encontraremos».[1]

—BROTHER LAWRENCE

Tenemos una amiga de la familia, la señora Holt, que ha sido parte de nuestra vida durante muchos años y que siempre nos ofrece amabilidad, amistad, aliento y la mejor comida mexicana que has probado en tu vida. Cuando me gradué de la Universidad de Houston, me sorprendió con uno de esos hermosos libros de regalo, forrado con cuero suave, las esquinas con bordes dorados, lleno de citas sobre la vida y el éxito. Tan lindo, tan considerado; me dio gusto tenerlo. Solo que no tenía tiempo para leerlo. Estaba demasiado ocupada con cosas de graduada de último minuto, con ceremonias y festividades, con solicitudes para la maestría, con empacar mis cosas para regresar a Dallas, así que coloqué el libro entre una pila de cosas y lo dejé allí sin usar y sin abrir durante un largo tiempo. Años, de hecho.

Entonces, un día, varios años más tarde, mientras revisaba algunas cajas de cosas viejas que había almacenado, me encontré con el libro y sonreí al pensar en el dulce rostro de la Sra. Holt y en su constante generosidad. Y, por primera vez, lo abrí.

Un trozo rectangular de papel cayó flotando al suelo.

Un cheque por doscientos dólares.

Permíteme decir que doscientos dólares es una cantidad que para una recién graduada de la universidad con dificultades económicas habrían parecido veinte mil. ¡Cómo necesitaba ese dinero extra en el momento en que me lo dio! Y todo ese tesoro, ¡desperdiciado! Porque nunca me molesté con abrir el libro.

Creo que ya sabes que tesoros de otro tipo fluyen de tu Biblia cada vez que la abres… cuando, *de hecho,* la abres. No obstante, el mayor tesoro que surge de sus santas páginas, el que necesitas más que todos los demás, es *Dios mismo.*

Escucha, Él es la recompensa. No Su dirección ni Su guía ni Su claridad, ni siquiera Su consuelo, alivio y aliento. Tan solo Él. Él es Aquel que engloba todo lo que estás buscando.

ACUERDO MUTUO

Cuando Dios habla, Su principal objetivo es revelarse a sí mismo. Él quiere darse a conocer y guiarte hacia una relación más íntima con Él. Si ignoras este objetivo principal por buscar ambiciones más egoístas (incluso algunas honrosas), no serás capaz de discernir con claridad Su guía. El filtro distorsionante del orgullo y del egocentrismo torcerá lo que estás escuchando y hará que confundas la voz de tu propio ego con la voz de Dios. La claridad que deseas proviene de empatar *tu* principal objetivo al escucharlo con *Su* principal objetivo al hablarte. Así es como puedes erradicar la voz de los extraños, y también la tuya.

> Según Juan 16:14, ¿cuál es la meta del Espíritu Santo al revelarnos la voluntad del Padre?

> Ve a Juan 17:4 y prepárate para observar la continuidad entre las ambiciones del Hijo y las del Espíritu. Jesús está hablando aquí. ¿Qué especifica Él como Su principal objetivo?

Un comentario explica la simetría de esta manera: «En 16:14-15, el Padre es identificado como la fuente suprema del ministerio revelador tanto del Hijo como del Espíritu a los creyentes. Existe una continuidad entre el Hijo y el Espíritu: así como el Hijo trae gloria al Padre (7:18; 17:4), también el Espíritu trae gloria a Jesús. También existe una continuidad entre el Padre y el Hijo y, por lo tanto, entre el Padre y el Espíritu y entre el Hijo y el Espíritu, porque las personas de la Trinidad colaboran en la obra de revelación divina de sí mismos».[3]

La palabra glorificar (o traer gloria) en Juan 16:14 significa «provocar en algo una grandeza espléndida, revestir de esplendor, glorificar».[2]

Esta es una manera sofisticada de decir: la misión principal de la Trinidad es glorificarse entre sí. Uno al otro, ida y vuelta. Cuando esa también es tu misión principal, estás alineado con los propósitos de Dios y ajustado para escuchar Su voz.

Considerando el objetivo principal del Hijo y del Espíritu; ¿cómo te ayuda esto a distinguir Su dirección en tu vida de las voces errantes?

Las metas principales del Espíritu Santo son destacar la reputación del Hijo y apuntar los reflectores hacia el Padre de manera que el Padre y el Hijo sean honrados y exaltados. Cuando Él te revele los pensamientos del Padre, verás este hilo tejido en lo que te está diciendo.

En tus propias palabras, vuelve a escribir las intenciones del Espíritu Santo al comunicarse contigo.

Si actualmente estás buscando escuchar la guía de Dios en un área específica y hay varias opciones delante de ti, pregúntate: ¿qué opción destacará la reputación de Dios y hará brillar Su carácter para mí y para los que están en mi esfera de influencia? Anota tus pensamientos a continuación.

ATENCIÓN ENFOCADA

Seamos honestos, nuestras intenciones al escuchar a Dios no son siempre puras. Aunque tal vez sean bien intencionadas, pueden desviarse en cuanto a prioridades. Es fácil comenzar a buscar la *dirección* de Dios más que simplemente buscar conocer a Dios mismo. Si no tenemos cuidado, podemos venerar de manera incorrecta Su *voz* más que a *Él* y hacer un ídolo de uno de Sus regalos más íntimos para nosotros.

Este intercambio costoso se ve con mayor claridad cuando intentamos resolver de manera frenética nuestros problemas mientras ignoramos la oportunidad que estos nos brindan para tan solo *estar* en Su presencia. Cuando la frustración que sentimos por la falta de claridad en cuanto a un área de nuestra vida nos mueve a distanciarnos de la iglesia, de la oración, de la Palabra de Dios (estos lugares de contacto donde podemos sentarnos delante de Dios en adoración y quietud), podemos de manera instantánea identificar que nuestras prioridades están en desorden. Debemos mantener de forma constante el privilegio mucho más superior de conocer a Dios por encima del simple hecho de recibir algo de Él o de implementar un plan de acción.

Reorienta tu enfoque. No pases por alto la relación a causa de tu deseo de recibir respuestas a tus preguntas. Dios quiere hablarte porque quiere que tú *lo conozcas*. Conocer Su dirección es solo un efecto secundario. Él quiere revelarte la verdad sobre sí mismo porque esta verdad sentará un camino firme para que cumplas Su propósito en tu vida. Ya que esta es *Su* meta, convertirlo en la *tuya* es una clave para diferenciar Su guía de la guía de otros.

> Piensa con cuidado. ¿En torno a qué gira tu actual deseo de escuchar la voz de Dios?
> ☐ Tu deseo de conocer lo que Dios quiere de ti
> ☐ Tu deseo de conocer a dónde Dios quiere que vayas
> ☐ Tu deseo de conocer a Dios
>
> Anota lo que Dios revela de sí mismo en cada pasaje a continuación.
>
> Moisés (Ex. 34:6-7)
>
>
> Malaquías (Mal. 3:6-7a)

Si estás en el proceso de esperar en Dios por una instrucción clara, hay algo sobre Él que está revelándote en ese momento. No lo ignores. Pídele que te lo revele.

Recuerda la última vez que fuiste movido de manera práctica por uno de los atributos de Dios en tu vida, tal vez como proveedor, sanador, sustentador o cualquier otro. Anota los detalles aquí.

¿Existe alguna manera en que tu obediencia fomentó esa experiencia? *Prepárate para hablar sobre esto con tu grupo pequeño.*

Esta semana, busca los nombres de Dios en internet. Escoge uno o dos de Sus nombres que signifiquen algo especial para ti y compártelos con tu grupo. Sus nombres indican Su carácter.

A medida que terminamos la lección de hoy, me siento movida hacia un versículo, a menudo ignorado, que se encuentra escondido en el salmo 103: «A Moisés dio a conocer sus caminos, y a los hijos de Israel sus obras» **(V. 7, LBLA)**.

Tan corto, dulce y simple y, sin embargo, tan cargado de significado y de sabiduría. ¿Observas la diferencia entre lo que Dios hizo por Moisés y lo que hizo por Israel? ¿Por qué no encierras uno y subrayas el otro, solo para resaltarlo en la página? Anda, te espero.

Mientras que el primero («sus caminos») se refiere a la conducta, costumbres y comportamientos; el segundo («sus obras») se refiere a sus acciones. El primero es mucho más íntimo que el segundo. Es como la diferencia entre una madre cuya relación con su hijo está basada en acurrucarse con él en el sofá durante la tarde, y una relación que se basa principalmente en las cosas que hace por él (preparar su almuerzo, lavar su ropa, llevarlo al doctor). Ambos aspectos son buenos, «obras» y «caminos», pero uno es bastante diferente del otro, y mucho más profundo.

Por la necedad, la rebelión y la perspectiva distorsionada de Israel, Dios redujo Su interacción con ellos hasta mostrarles solamente Sus milagros. Bien. En cambio, Moisés disfrutó de un resultado mucho más satisfactorio y superior, un nivel de intimidad más profundo. Dios se mostró de manera más personal a él, le reveló Su personalidad, Su carácter y Su corazón. Y esto fue lo que Moisés valoró por sobre todo lo demás. Escucha su petición:

«Ahora, pues, si he hallado gracia en tus ojos, te ruego que me muestres ahora tu camino, para que te conozca...».
ÉXODO 33:13

¡Que el clamor del corazón de Moisés sea el nuestro también!

Cuando Dios elige hablarnos, Su Palabra siempre estará de alguna manera diseñada para apuntarnos hacia Él y abrir nuestro entendimiento para que podamos experimentarlo de manera más completa. Sin conocimiento de la naturaleza de Dios, obedecerlo se vuelve más difícil, si no imposible. Mientras más conozcas y creas la verdad de quién es Dios y de lo que puede hacer, más dispuesto estarás a obedecer Sus mandamientos.

Puedes distinguir la voz de Dios si te haces estas preguntas:

- ¿Lo que estoy escuchando muestra algo del carácter y de la naturaleza de Dios como la revela en la Escritura?

- ¿Obedecer a esta instrucción me llevará a descubrir y a experimentar algún aspecto del carácter de Dios?

Cuando el enemigo o tu propio ego te habla, esas voces distorsionarán el carácter y la Palabra de Dios. Cualquier cosa que no refleje el carácter de Dios ni requiera de ti que lo veas y experimentes de manera más clara no es un mensaje de Él. Porque este es Su objetivo principal.

Solo Él es nuestro galardón.

ÉL TE AMA

«Este mensaje —soy alguien que Dios ama— es un mensaje que probablemente escucharemos de Dios mientras lo contemplamos [...]. Él está tan dispuesto a decirnos esto que el único momento en que se ilustra a Dios apurado es cuando el padre corrió por el camino hasta su hijo pródigo "y se echó sobre su cuello, y lo besó"».[4]

—JAN JOHNSON

He hablado a menudo de mis años universitarios en este estudio. Estos años de desarrollo donde nos encontramos moldeables son los oportunos para escuchar a Dios. O para *no* escucharlo.

Mis años universitarios me trasladaron de mi protegida vida en mi familia cristiana a otro mundo. Al mismo tiempo, me encontré abrumada y emocionada por el estilo de vida que tenía delante. Sin embargo, pronto me encontré viviendo de manera contraria a lo que sabía que agradaría al Señor. Como resultado, luché bastante con la culpa en los años que le siguieron. Sin importar lo que había logrado en la vida o cuán distanciada estaba de las decisiones que había tomado en ese momento, una voz insistente en mi cabeza me golpeaba con la culpa. Perdí el sueño, tenía problemas para mantener sanas mis nuevas relaciones y me sentía perseguida por un sentimiento de vergüenza.

¿Has estado allí? ¿Conoces esos sentimientos?

En medio de una lucha continua por liberarme de esos pesos muertos en mi corazón y en mi mente, un día durante mi devocional, me encontré con un par de versículos que parecieron saltar de la página y enterrarse en lo profundo de mi alma.

> «Ahora, así dice Jehová, Creador tuyo, oh Jacob, y Formador tuyo, oh Israel: No temas, porque yo te redimí; te puse nombre, mío eres tú».
> **ISAÍAS 43:1**

> «Yo, yo soy el que borro tus rebeliones por amor de mí mismo, y no me acordaré de tus pecados».
> **ISAÍAS 43:25**

Los ojos se me llenaron de lágrimas al reconocer la palabra personal de Dios hacia mí. *Yo te redimí. Mía eres tú. Yo borro tus rebeliones. No me acordaré de tus pecados.* ¡Ah! Era la voz de Dios que me decía que me había liberado de la culpa de mi pasado al inundarme con gracia y llevarme hacia la promesa del mañana. Ese constante sentimiento de condenación y la abrumadora carga de culpa que me había esforzado por quitarme de encima no podía venir de Dios, ya que sería incongruente con Su carácter. Todos los sentimientos de crítica y de temor en los que yo había creído me habían dejado sin gracia y sin esperanza, porque yo pensaba que resumían Su opinión de mí y Su atención hacia mí. En cambio, no correspondían la manera en que Él se describe a sí mismo en estos versículos.

Así que, si no era *Él*, debe haber sido…

Sí, tras leer esos versículos algunas veces más, comencé a reconocer con claridad las huellas dactilares del enemigo en lo que había estado escuchando. Él estaba usando mi pasado contra mí para evitar que pudiera florecer, andar en abundancia y experimentar victoria como hija de Dios. ¿No es acaso lo que Él haría? ¿Y justamente lo que mi Padre no haría?

> Llena los espacios en blanco a continuación con el contenido de los párrafos anteriores.
>
> La voz de Dios busca librarme de la culpa de _____ _____ al inundarme con gracia y llevarme hacia la promesa del _____.

La lección de ayer es una pieza fundamental para el tema de hoy. Revisa de nuevo lo que aprendimos sobre el objetivo principal del Espíritu Santo y escríbelo en el óvalo a continuación.

Condenación es la obra del enemigo. Significa considerar algo digno de castigo. Convicción es la obra del Espíritu Santo. Significa llevar algo a la luz con el propósito de corregirlo.

Ya que esta es la intención (o meta) del Espíritu Santo, sabemos que una de las características definitivas para identificar Su voz es que resaltará Su gran amor eterno por nosotros.

Amor. No es solo algo que Dios demuestra; el amor es un atributo inherente a Su ser. «Dios es amor» **(1 JN. 4:8)**. Lo que el agua es a un cubo de hielo, el amor es a Dios. Dios y el amor no están tan solo entrelazados; son lo mismo. No existe amor sin Dios ni Dios sin amor. Si lo que estás escuchando no está puntualizado por el amor (y por uno o más de sus compañeros, como la esperanza, la gracia o la misericordia), no estás escuchando a Dios. Incluso cuando te disciplina y te corrige, sigue operando bajo este atributo fundamental del amor. El amor es quien Él es. Es lo que Su voz nos invita de manera continua a experimentar.

Busca 1 Corintios 13:4-8. En la tabla a continuación, en la columna de la izquierda (A), escribe palabras y frases que describan el amor de Dios. En la columna de la derecha (B), escribe antónimos que describan la voz del enemigo.

LISTA A	LISTA B

En un área de tu vida donde estés buscando discernir la guía de Dios, ¿lo que estás escuchando se alinea más con las palabras en la lista A o en la lista B?

Escucha con atención: Dios sí nos señala nuestro pecado. Y, a veces, puede no parecernos *amoroso*. Sin embargo, no nos trae *convicción* de pecado con el propósito de *condenarnos*. Su propósito al revelarnos con amor nuestro pecado solo es llevarnos a reconocerlo y a confesarlo para poder transformarnos. La voz del enemigo trae condenación. Reconocerás la condenación porque está acompañada de culpa que no ofrece un medio claro para aliviarla. Por otra parte, la convicción del Espíritu Santo siempre ofrece un mapa para salir de un pecado específico y para alejarse de él. Su objetivo siempre es dirigirnos en amor hacia Su gracia y hacia la intimidad con el Padre.

Romanos 5:10 esclarece este punto. Búscalo en tu Biblia. Una palabra clave aparece en dos ocasiones en el versículo. Identifícala y escríbela a continuación.

Cuando el Padre envió al Hijo para tomar tu lugar en el Calvario, no lo hizo con el único objetivo de perdonarte. Aunque el perdón ciertamente es una de las ramificaciones gloriosas de la cruz, hay algo más. Su don fue también diseñado para *reconciliarte* con el Padre. (Ese es el término que quería que encontraras). La palabra *reconciliar* ilustra a dos personas haciendo la paz y restaurando su relación después de una disputa seria. La reconciliación es una hermosa historia de amor en la que la división del pecado entre tú y Dios es cubierta por la eternidad. ¡La promesa del evangelio es amistad con Dios! Y, escúchame, también lo es la promesa continua de Su amistad con nosotros.

Por eso, cuando Él te habla, Sus palabras llevarán consigo esta esperanza continua de intimidad, de amistad y de una relación reconciliada.

En tus propias palabras, ¿cuál es la diferencia entre condenación y convicción?

Si ahora reconoces que algo que has estado escuchando es la voz condenadora del enemigo, detente en este momento y dile a Dios en oración que sabes que estas palabras no vienen de Él. A medida que lo haces, traza una línea sobre cada palabra de la tabla anterior (p. 113) que describía lo que escuchabas. Deja que esto simbolice tu decisión de no seguir permitiendo que estos pensamientos gobiernen tu mente.

NO HAY CONDENACIÓN

En Juan 8, un grupo de fariseos llevó al templo a una mujer que habían descubierto en adulterio y la colocaron delante de Jesús. Entonces, estos hombres revelaron el pecado de ella, la expusieron como una criminal y la avergonzaron ante la multitud, todo, como la Biblia indica, «probándole, para tener de qué acusarle» **(V. 6, LBLA)**.

Has escuchado esta historia suficientes veces como para saber lo que Jesús hizo a continuación. Él dijo a sus acusadores: «El que de vosotros esté sin pecado sea el primero en arrojar la piedra contra ella» **(V. 7)**. Esto significaba que Él era la única persona calificada para condenarla. Y Él no arrojó esa piedra.

¿Escuchaste eso? *¡Él no arrojó esa piedra!*

¡Aleluya! Solo Dios tiene el derecho de condenarnos y, sin embargo, ha elegido no arrojar la piedra. Ni en aquel tiempo ni ahora. Él derrama gracia y amor a pesar de lo que hemos hecho porque Su naturaleza misma es amor. Esto es lo que distingue Su voz de cualquier otra.

Cuando siendo el dolor de las «piedras» que son lanzadas contra mí, rápidamente me doy cuenta de que no vienen del Señor. Cuando, por ejemplo, me salto mi tiempo devocional y comienzo a sentirme culpable, reconozco que la culpa no es el regaño del Señor para obligarme a obedecer. Él no quiere que regrese a Él por causa de mi culpa, sino por causa de mi amor y de mi afecto. Yo sé que Él me atrae hacia Él cuando siento una fuerte *convicción*, no una *condenación* represora, que me mueve con ternura a responder a Su amor.

> ¿En qué áreas de tu vida tiendes a operar por culpa en lugar de por amor?

Lee Juan 8:10-11 en el margen y subraya los dos mensajes principales de Jesús a la mujer.

Uno por uno, los fariseos se dieron cuenta de que no podían cumplir los requisitos de Jesús para condenar a la mujer, así que se marcharon. Entonces, Jesús habló. Él no descartó su pecado ni lo excusó; Él tan solo no la condenó por ello.

«Jesús […] le dijo: Mujer, ¿dónde están los que te acusaban? ¿Ninguno te condenó? Ella dijo: Ninguno, Señor. Entonces Jesús le dijo: Ni yo te condeno; vete, y no peques más».

JUAN 8:10-11

Esto es también lo que Su voz te dirá. Incluso al señalar tu pecado, Él te ofrecerá gracia para que puedas continuar en justicia. Él no pone sobre la mesa el pasado sin apuntar hacia el futuro.

Cuando Dios nos habla, Sus palabras no acumulan juicio sobre nosotros. Él nos revela nuestros pecados para conducirnos al arrepentimiento y amortigua el reconocimiento de nuestro fracaso con la esperanza de Su gracia, amor y una segunda oportunidad. *Vete (y no peques más)* porque Él ya ha sufrido el castigo por tu pecado una vez y para siempre en la cruz.

Describe cómo la voz de Dios trajo tanto convicción como aliento en los siguientes ejemplos.

	CONVICCIÓN	ALIENTO
2 Crónicas 7:13-14		
Isaías 1:16-18		
Ezequiel 18:30-32		

La condenación solo ofrece culpa y juicio a medida que señala el problema; la convicción consoladora de Dios ofrece una solución. Reconocerás la voz de Dios porque trae ánimo junto con la convicción.

Anímate hoy. Ten esperanza. Esto es lo que un Padre amoroso te diría a ti, Su hijo amado.

«El propósito de la voz de la condenación es alejarte de la presencia de Dios, la fuente misma de tu victoria. El propósito de la voz de la convicción es acercarte al rostro de Cristo».[5]

—BOB SORGE

NADA MÁS QUE LA VERDAD

La película de acción y aventura *El origen* lleva a la audiencia por una loca travesía en los diferentes mundos de los sueños de las personas, donde, mientras más profundo el nivel, más difícil es distinguir la línea entre la realidad y la ficción. Incluso los sucesos de la película son extraños e impredecibles; los estados de sueño parecen reales para los personajes que los navegan.

Por esta razón, tras años de hurgar dentro de sus propios sueños y los de otros, el personaje principal tiene cada vez más problemas para reconocer su ubicación. Ha sido confundido en muchas ocasiones. Sus sentidos han sido engañados. Así que ha establecido el hábito de llevar en su bolsillo un artículo, un pequeño trompo, para ayudarlo a determinar si se encuentra en la realidad o si permanece dentro de un sueño. Cuando da vueltas al trompo sobre una superficie plana, él sabe que, si se encuentra en el mundo real, este eventualmente sucumbirá ante la gravedad y se detendrá. Si se encuentra en un sueño, el trompo seguirá girando indefinidamente. En lugar de basar su siguiente movida en sus propios sentimientos y percepciones, él ha aprendido la importancia de un estándar objetivo. Es lo único que le permite conocer *la verdad*.

Escúchame: Tus sentimientos, tus experiencias pasadas y tus percepciones personales no son del todo confiables. Si dependes de ellas, lo más probable es que serás engañado por el enemigo. Él es un ilusionista maestro. Para evitar que te tape los ojos y te engañe, debes poseer un estándar objetivo fuera de ti mismo. *La Palabra de Dios* es ese *estándar objetivo*. Es la verdad invariable e inflexible que te ayudará a obtener claridad para saber de veras dónde estás y qué está sucediendo en realidad a tu alrededor.

Encierra los tres atributos humanos de la primera oración del párrafo anterior. A continuación, anota el que más a menudo utilizas en tus propias decisiones.

Busca el conocido versículo de Juan 14:6 y llena el espacio en blanco a continuación. *(Es casi idéntico en la mayoría de las traducciones de la Biblia)*.

«Yo soy el camino, y la _____, y la vida; nadie viene al Padre, sino por mí» (Juan 14:6).

Considera este atributo divino (la *verdad*) en relación con el atributo personal que recién escribiste sobre ti mismo. ¿Cómo has visto estos dos chocar entre sí y contradecirse?

> «Pero cuando venga el Espíritu de verdad, él os guiará a toda la verdad; porque no hablará por su propia cuenta, sino que hablará todo lo que oyere, y os hará saber las cosas que habrán de venir».
>
> **JUAN 16:13**

Durante casi cada semana de este estudio, hemos regresado al tema de la centralidad de la Biblia al escuchar de manera correcta a Dios. No solo es la forma principal en que Dios nos habla, sino que también es el límite dentro del cual todo lo demás entra.

Sin embargo, hoy quiero que veas *por qué* puedes confiar en la Palabra y *cómo* puede ayudarte a distinguir la voz de Dios de la de los impostores. La Palabra refleja un rasgo central del carácter de Dios. Su naturaleza es *verdad*. «Dios es siempre veraz, aunque el hombre sea mentiroso» **(ROM. 3:4, NVI)**. Él no puede mentir y nunca lo hará porque en Su carácter no hay engaño. Las convicciones y direcciones que recibas de Él nunca contendrán ni una pizca de hipocresía ni de deshonestidad. Él nunca contradirá Su carácter ni Sus propósitos revelados en Su Palabra escrita. Él nunca te llevará a pecar, jamás te alejará de Su voluntad ni te moverá a encubrir tus ofensas.

La faceta del carácter de Dios que también es la forma de identificar Su comunicación contigo es la _____.

Lee con atención Juan 16:13 en el margen y subraya esta característica cuando la veas de manera explícita o implícita.

Según este versículo, ¿qué provoca que el Espíritu Santo revele verdad a la gente?

El Espíritu de Dios no habla por iniciativa propia. Él no es un agente rebelde que intenta lograr una agenda diferente ni un objetivo aparte de Dios el Padre y de Dios el Hijo. Cada mensaje que el Espíritu entrega viene de manera directa del Dios de verdad. Solo el Espíritu Santo tiene acceso directo a los pensamientos del Padre (ver 1 Cor. 2:10). Él vive en ti y desea compartir estas revelaciones con aquellos que quieran escuchar.

Cuando el Espíritu Santo es en verdad quien te está hablando, lo sabrás porque Él solo habla la verdad, toda la verdad y solo la verdad.

MENTIRAS, MENTIRAS Y MÁS MENTIRAS

Jordyn es una mujer exitosa y hermosa, una de las personas más amables y consideradas que conozco. Ella cree en Jesús y en verdad ha deseado honrarlo a lo largo de su vida. Ella comenta que por esto ha pasado una gran parte de su vida suprimiendo su atracción hacia otras mujeres, una situación que la ha dejado sintiéndose culpable, condenada, juzgada y cada vez más amargada, hasta el punto de dejar de ir a la iglesia. A los cuarenta y cinco años, ella ha decidido que la soledad que ella siente no puede ser la voluntad de Dios para ella. Ya que estas atracciones hacia el mismo sexo solo se han solidificado hasta sentirse más y más naturales, ella ha concluido que esta debe ser la manera de Dios de aprobar su decisión de tan solo abrazar «quien ella es». Ahora, ella se siente bien al respecto. Con base en ciertos pasajes que ha seleccionado de manera cuidadosa (y sacado de contexto), ella expresa que está bien segura de que este camino es la voluntad de Dios para su vida.

Sin embargo, ¿puede ser esto *verdad*? Yo conozco a esta mujer. Conozco su fe y su creencia en Cristo. Si el Espíritu Santo en verdad mora en ella, ¿cómo puede estar tan lejos del blanco en cuanto a la voz de Dios?

Todos hemos estado en esta posición en algún momento u otro. Diferentes circunstancias, mismo dilema. Hemos estado seguros de una acción que hemos planeado o de una decisión que hemos tomado. Nos hemos basado en respuestas emocionales tan enraizadas o en racionalizaciones sólidas. Según nosotros, estamos haciendo lo correcto.

No obstante, si miramos hacia atrás, nos damos cuenta de lo contrario. La manera de actuar del enemigo es tan críptica y sagaz que en rara ocasión nos damos cuenta de que en ese mismo momento está tomando ventaja de nosotros. Él es capaz de imitar con tanta credibilidad la voz de Dios y Su voluntad que, sin un instrumento de medición confiable para evaluarla, lo más probable es que seamos engañados.

Según los siguientes versículos, ¿cuáles son algunos de los atributos y acciones que describen al enemigo?

Mateo 4:1

Juan 8:44

Apocalipsis 12:10

¿Cómo antagonizan estos métodos satánicos a la verdad?

Para poder escuchar la voz de Dios, para poder diferenciarla de las mentiras, tentaciones y acusaciones del enemigo, debemos poner pausa, dar un paso atrás y regresar al estándar objetivo de la Palabra de Dios. Tal como el personaje en *El origen*, debemos echar a girar ese trompo. Debemos probar esa voz con toda la Escritura. No solo seleccionar y escoger los lugares que nosotros queremos, sino dondequiera que Él nos lleve. Si es Dios quien está hablando, Sus palabras se alinearán con la verdad bíblica. Y, si no es así, no se alinearán, al menos no por completo.

Jordyn pudo haberse sentido afirmada por sus propios deseos e incluso por las normas culturales para tomar estas decisiones, pero no estaba siendo guiada por el Espíritu Santo. Lo que ella estaba escuchando claramente tergiversaba los estándares de Dios en Su Palabra.

Observa algunos de estos ejemplos comunes. Escoge dos de las declaraciones a continuación (o agrega las tuyas) y describe por qué cada una tergiversa la Verdad de Dios. Siéntete libre para utilizar el margen si lo requieres. Añade cualquier pasaje que conozcas que valide tu respuesta. Te he ayudado con algunos pasajes. *Prepárate para dialogar sobre esto con tu grupo pequeño y para agregar a la lista.*

- No necesito ser parte de una iglesia local (Heb. 10:24-25).

- No me gusta la decisión que está tomando mi marido. Me rehúso a seguirlo en este asunto (Ef. 5:22-23).

- Soy cristiano, pero no me siento digno. Sé que Dios no me escucha cuando oro (Miq. 7:7; Heb. 10:22).

- No gano suficiente dinero como para ofrendar ahora mismo. Dios lo entiende (Mal. 3:8-10).

-

-

¿Cuáles son algunos otros escenarios comunes en los que has visto a otros (o a ti mismo) depender de sentimientos o de racionalizaciones por encima de la Verdad de Dios?

Todas las excusas en esta actividad suenan racionales, ¿no es así? Es decir, en serio, ¿debe ser requerido de mí ofrendar cuando me estoy quedando corto de dinero? ¿Someterme a un liderazgo dado por Dios aún aplica cuando mi preferencia es contraria a la de mi marido? Si no lo siento o si no tiene sentido, entonces, *para mí*, no es verdad. Yo tengo la razón. Estoy justificada.

Así es con exactitud como el enemigo se introduce de manera sutil, disfrazado y envuelto en racionalizaciones y distorsiones que, en el momento, parecen más fáciles, mejores y mucho más convenientes.

ESTAD FIRMES

En la primera semana de nuestro estudio bíblico, mencioné cuánto impacto ha tenido Efesios 6:10-20 en mi vida. En este pasaje, Pablo articula un plan de acción vívido y secuencial para la victoria espiritual al relacionar diferentes virtudes espirituales como la justicia, la paz y la fe con diferentes partes de la armadura de un soldado.

Una de las cosas más sencillas, pero más poderosas, que descubrí fue que la primera parte de la armadura que un soldado se colocaba era un cinturón (más como una faja) que iba debajo del resto del uniforme. Era una parte central, un requisito para que todo lo demás colgara y se moviera de manera adecuada. Pablo relaciona la primera parte de la armadura con la verdad en la vida del creyente. «Estad, pues, firmes, ceñidos vuestros lomos con la verdad» **(V. 14)**.

Ya que el enemigo es un maestro engañador, escuchar a Dios con precisión requiere de un gran compromiso por ceñirnos con la verdad, por situarla en el centro de nuestro ser y por utilizarla como una brújula para toda nuestra vida. De otra manera, las ilusiones del enemigo son demasiado ingeniosas. Si «te [apoyas] en tu propia prudencia», en lugar de reconocer a Dios «en todos tus caminos» **(PROV. 3:5-6)**, no tienes oportunidad contra los planes del enemigo.

El estándar de verdad de Dios puede ser diferente del de tu familia, denominación o cultura. Como podrás imaginarte, el proceso de desenmarañar y reentrenar nuestro pensamiento para alinearlo con la verdad puede ser una tarea ardua y tardada, pero solo porque nos sintamos cómodos con hacer algo no lo vuelve correcto. Debemos filtrarlo por la verdad de Dios y llevar nuestros comportamientos y actitudes en línea con esa verdad. *Su palabra es verdad.* Y, cuando el Espíritu habla, solo habla verdad.

> ¿Has hecho una promesa personal de lealtad a los principios de la Biblia como el factor que dirige tu vida?

Escuchar, leer y memorizar la Palabra de Dios no es suficiente. Por supuesto, espero que hagas todas estas cosas, pero tienes que hacer algo más. Tienes que someterte bajo su autoridad.

El enemigo está esperando que pienses que eres lo suficiente listo, perceptivo, hábil y experimentado para confiar en que tú mismo reconocerás las huellas dactilares de Dios y Su registro vocal. Él sabe que

---

«La suma de tu palabra es verdad, y eterno es todo juicio de tu justicia».
SALMOS 119:160

«Santifícalos en tu verdad; tu palabra es verdad».
JUAN 17:17

a cualquiera de nosotros que se le suban los humos espirituales a la cabeza y que ya no es completamente fiel a los estándares invariables de la Palabra de Dios puede ser arrastrado por sus artimañas.

Lo que necesitamos es la verdad y eso es con exactitud lo que obtenemos en Dios y en Su Palabra.

PATRULLA DE LA PAZ

Cuando mi padre era un predicador joven en Dallas, tuvo paz interior sobre una instrucción que Dios le había dado para el ministerio. Él creía que Dios quería que su pequeña iglesia fuera dueña, no solo del edificio donde se juntaban, sino toda la *calle*, para darles suficiente espacio para construir otros edificios que pudieran servir a las necesidades de la comunidad.

Había solo un problema. Bueno, había muchos problemas con un plan de este tamaño, pero el más evidente y apremiante era que no tenían dinero para comprar los terrenos. Cuando no hay suficiente dinero para financiar un proyecto tan grande, las personas tienden a no subirse al tren de las ilusiones.

Aun así, la paz de Dios gobernaba el corazón de Tony Evans. Y, aunque mucha gente, tanto dentro como fuera de la congregación, decía que la propuesta era imposible, él comenzó a dar pasos de obediencia, esperando ver la actividad sobrenatural de Dios como resultado.

Hoy, Oak Cliff Bible Fellowship es, de hecho, dueña de toda la calle, así como de muchos de los negocios que llenan sus escaparates. Durante los años, esta innovativa disposición ha permitido que la iglesia cuente con una plataforma importante para alcanzar a gente con el evangelio por medios no tradicionales, aunque altamente efectivos, todo porque la paz gobernó el corazón de mi padre y le confirmó un propósito divino que ni los más acérrimos detractores ni las más grandes dificultades pudieron destruir.

Un sentido consistente de paz interior puede ser la pista de que estás escuchando la voz de Dios.

LAS REGLAS DEL CAMINO

Antes de que Jesús muriera, ofreció palabras de consuelo a Sus discípulos. Él explicó que les estaba dejando Su paz para cuidar y proveer para ellos después de Su partida. La paz de Dios serviría como un mecanismo interno para que pudieran discernir Su voz.

> «La paz os dejo, mi paz os doy; yo no os la doy como el mundo la da. No se turbe vuestro corazón, ni tenga miedo».
>
> JUAN 14:27

La ___ de Dios sirve como un mecanismo interno para que yo pueda discernir ___ _____.

Nombra algunas diferencias entre la paz que da Jesús y la supuesta paz que viene del mundo, de otras fuentes.

La paz es un don que acompaña a la salvación. «Justificados, pues, por la fe, tenemos paz para con Dios por medio de nuestro Señor Jesucristo» **(ROM. 5:1)**. También es hermana gemela de la *gracia* (otra hermosa palabra en nuestro vocabulario espiritual). Con frecuencia las vemos juntas en la Escritura como un dicho entre creyentes que pide la bendición del favor de Dios en oración. «Gracia y paz a vosotros, de Dios nuestro Padre y del Señor Jesucristo» **(FIL. 1:2)**.

La verdadera razón de fondo por la que recibimos la paz como un beneficio secundario de nuestra redención y como fruto del Espíritu (ver Gál. 5:22) es que la paz es generada de manera natural por el «Dios de paz» **(ROM. 15:33)**. La paz (como el *amor* y la *verdad*) es otra de las características de Dios y, por tanto, es un indicador que dirige nuestra antena con dirección a la voz de Dios. La paz juega un papel vital al escuchar a Dios.

En nuestro estudio la semana pasada, vimos cómo podemos esperar que Su voz establezca como prioridad el buscar la paz entre hermanos y hermanas en Cristo. Eso es verdad. Sin embargo, la paz tiene un propósito *interno* además del externo. Cuando Él te habla, Su Palabra será acompañada por certeza y paz en tu corazón. A pesar de los retos frente a ti o de los detractores a tu alrededor, Su voz te moverá a sentirte anclado por un sentido firme de calma en cuanto a la tarea que Él te está enviando a realizar.

Colosenses 3:15 (ver el margen) nos ayuda a entender mejor el rol que juega la paz al discernir la guía de Dios. Según este versículo, ¿qué debe hacer la paz de Dios en tu corazón?

La paz no es solo un elemento de Su carácter, sino también una evidencia de Su presencia.

«Y la paz de Dios gobierne en vuestros corazones, a la que asimismo fuisteis llamados en un solo cuerpo…».
COLOSENSES 3:15

En la ciudad neotestamentaria de Colosas, los creyentes luchaban con diversas tentaciones y decisiones. Sobre estos temas, Pablo les dijo que permitieran que la paz fuera el factor de dirección determinante en sus elecciones. La palabra griega que se traduce al español como «gobierne» —que *gobierne* en vuestros corazones—, es importante. Significa actuar como juez o como árbitro.[6]

¿Cómo describirías el papel de un juez de hoy en día en un tribunal de justicia o un árbitro en un campo de juego?

La paz sirve como un árbitro en nuestra alma. Ella escoge la jugada. Cuando algo esta «fuera», sentirás una falta de paz. Cuando algo está «dentro de la cancha», producirá un sentimiento de paz interna que te deja con mayor seguridad de la dirección de Dios.

La «luz roja» de la convicción = Detente

La «luz amarilla» de la inquietud = Espera

La «luz verde» de la paz = Avanza

Para entender esto mejor, imaginemos la guía de Dios como un semáforo. ¿Alguna vez has llegado a una intersección donde los semáforos no funcionan y, quizás, solamente parpadeaban en rojo o en amarillo? ¿Cómo te sentiste al tener que acercarte poco a poco al tráfico que cruzaba, sabiendo que la señal sobre tu cabeza indicaba precaución y bastante atención? Si la misma luz estuviera en verde, te sentirías confiado de avanzar y de cruzar al otro lado, ¿correcto? Tendrías *paz* en ello.

En cuanto a un asunto personal específico que estés enfrentando y en el que estés buscando la guía de Dios ahora, ¿cuál de estos tres indicadores en el margen usarías para describir los sentimientos actuales de tu corazón?

Recuerda algún momento cuando hayas avanzado sin tener la luz verde bien clara. ¿Cuáles fueron los resultados?

PRACTICAR LA PAZ

Cuando la paz gobierna en un asunto que estás tratando, cuando sientes una profunda certeza y permiso internos, pon mucha atención a lo que estás escuchando y percibiendo. Puede que estés luchando con una decisión en cuanto a una oferta de trabajo en otra ciudad o un empleado que necesitas contratar. Tal vez estás tratando de decidir qué empresa contratar para remodelar tu casa o cómo acercarte a un amigo que parece estarse desviando hacia el pecado. A lo mejor es un cambio completo de carrera hacia algo que nunca te habías sentido con la libertad de hacer. Quizás es un oficio ministerial en la iglesia que admites que no te sientes calificado para realizar, pero que piensas que Dios puede estarte guiando a aceptar. O tal vez una compra mayor que has estado estudiando e investigando. Puede ser cualquier cantidad de cosas. En todo caso, evalúa tus opciones con cuidado y con oración a la luz de esa paz interior. Si existe inquietud y convicción, *espera*. Si, en cambio, sientes un ancla sólida y estable en lo profundo de tu ser, a pesar de las dificultades que puedas enfrentar, *procede*.

Por supuesto, estoy consciente de que la paz puede fluctuar. Tal vez esté aquí hoy y mañana no, o aquí en este momento y en diez minutos ya no. También estoy consciente de que un *sentimiento* de paz no es de forma necesaria una paz *real* y que, a veces, los sentimientos de ansiedad pueden ser falsas alarmas también. Sin embargo, *confía en Él*, porque dejar que la paz «gobierne» es una instrucción bíblica para ti.

¿Está bien tu corazón? ¿De verdad quieres conocer Su voluntad? Hasta donde estás consciente, ¿lo estás obedeciendo en todas las áreas? ¿No tienes pecados sin confesar? ¿No existen relaciones o personas que estés afectando? ¿No hay bastiones de falta de perdón en tu corazón?

Entonces, confía en Su paz, búscala y practica en depender de ella.

Así es como Él habla.

> Busca Juan 20, un pasaje que describe eventos que ocurrieron en los días tras la resurrección de Jesús. ¿Qué ofreció Él a los discípulos en el versículo 19 para calmar sus nervios alborotados en este tiempo de inestabilidad emocional?

¿Qué tal en el versículo 21?

¿Qué hizo Jesús a continuación (en el versículo 22) para reforzar la paz que quería que experimentaran?

Tu propio corazón, por sí mismo, puede temblar y dudar y, finalmente, fracasar; pero la paz del Espíritu te conforta y te fortalece. Él sigue regresándote a un sentido de confianza, a una certeza que es nueva cada mañana de que Él está obrando todas las cosas para que puedas completar la tarea que Él te ha enviado a realizar, aún si muchos (¿la mayoría?) de los demás indicadores son banderas rojas que conspiran para desanimarte. Incluso en medio del temor, el Dios de paz habla. Él transforma las fórmulas normales que consultas para determinar tus siguientes pasos y hace que den como resultado paz.

Por supuesto, como creyentes nunca podemos perder la paz dada por Dios de nuestra salvación eterna. ¡Aleluya! No obstante, sí sabemos que la vida diaria y las preocupaciones alarmantes de nuestra era moderna a menudo no son ideales para producir una corriente constante de paz. Aun así, cuando el Espíritu habla, Él hace que experimentes paz en tu interior. No una paz fantasiosa, ilusoria, del tipo «tómense todos de las manos y formemos un círculo», sino una paz fuerte, intensa, palpable, real.

Si te estás desviando, *incluso por accidente*, del camino que Él ha marcado para ti, Su paz no gobernará. Si avanzas de manera prematura, antes de Su tiempo, la paz no gobernará. En cambio, cuando Él está hablándote de verdad en un asunto en específico, la paz se asentará en lo profundo de tu corazón. *¡Espera hasta que Su paz gobierne en ti!*

Cuando sientas una lucha de voluntades en tu corazón, una inquietud que te haga pensar dos veces sobre algo, sintonízate con Su señal de paz. Toma en serio lo que estás sintiendo. Él te está dirigiendo a un lugar seguro. Y puedes confiar en Él en cada ocasión.

A veces, la necesidad de buscar la opinión de muchas personas es un indicador de que la paz en realidad no está gobernando. Es hora de practicar la primera de las cinco M: busca el MENSAJE del Espíritu.

EL QUINTO DÍA

Matthew había estado casado durante cinco años cuando su relación con su esposa comenzó a tener problemas. Él llevó sus preocupaciones al Señor y le pidió ayuda; le pidió que le mostrara qué hacer y cómo manejar este momento intenso de confusión y de tristeza en su joven vida.

Quizás lo que Matthew quería en realidad (y lo que muchos de nosotros hemos querido a menudo cuando oramos por ayuda) es que Dios interviniera y cambiara el corazón de su esposa, que la convenciera de las maneras en que lo estaba malentendiendo, juzgando mal, tratando mal, creando todos estos problemas sin ver su propia culpa en el asunto. Sin embargo, a medida que Matthew pasaba tiempo en oración y en la Escritura, ciertos versículos comenzaron a enganchar su corazón y a asentarse con autoridad en lo profundo de su ser. Varios de estos versículos le recordaron el sacrificio que Cristo había hecho por su salvación, el amor incondicional que Dios le había mostrado y la fidelidad inalterable y eterna de Su perdón durante cada época de su vida.

El Espíritu estaba hablando, dirigiendo a este hombre a comenzar a ver a su esposa con los ojos del Señor, a comenzar a pensar y a actuar hacia ella con la paciencia compasiva que Dios le había extendido a él, a comenzar a poner en práctica los rasgos de carácter de Dios.

Al terminar este tiempo con el Señor, él notó un cambio abrupto. Su esposa seguía siendo igual, su matrimonio seguía igual, sus diferentes problemas en casa eran iguales, pero Matthew, de manera sorprendente, era diferente. La voz de Dios, reflejando su carácter, lo había llevado a ver a su esposa desde una perspectiva completamente diferente. Muchas docenas de años más tarde, el amor y la devoción de esta pareja siguen testificando del poder redentor y transformador de la Palabra de Dios.

Enumera algunos de los rasgos de carácter de Dios que hemos estudiado esta semana. ¿Qué otros te vienen a la mente a medida que piensas en lo que sabes de Él?

«Porque los caminos de Jehová son rectos, y los justos andarán por ellos».
OSEAS 14:9

Recuerda algún momento cuando la Palabra de Dios, al revelar el carácter de Él, produjo un cambio en tu vida. ¿Cuáles fueron algunos de los impactos inmediatos? ¿Qué pudo haber sucedido con facilidad si no hubieras escuchado y respondido a Su voz?

A medida que terminamos esta semana vital de lecciones, regresa a «Las cinco M para escuchar de manera correcta a Dios» que fueron presentadas en la página 56. Enfócate en especial en la necesidad de buscar «el MODELO de la Escritura». Al pensar en lo que has percibido que el Señor te ha dicho desde que comenzaste este estudio, este trayecto, ¿cuánto de esto está en perfecta conformidad con lo que sabes que es verdad de Su carácter? ¿Cómo la Escritura lo respalda o lo confirma? Incluso en otras áreas listadas en las cinco M (la oración, el consejo sabio, la confirmación continua), ¿cómo resuena lo que estás escuchando con ciertos rasgos de la naturaleza de Dios y te brinda hilos que puedes seguir directo hasta Su corazón?

Este es el día que puedes pasar como tú quieras. Oro porque sea un día bastante especial, para escuchar de Dios.

EL REFLEJO DE SU CORAZÓN

RESUMEN

UNA VEZ QUE HAS TERMINADO TU ESTUDIO DE LA SEMANA, COMPLETA LAS FRASES A CONTINUACIÓN Y REFLEXIONA SOBRE CADA UNA DE ELLAS.

«Con todo mi _____ te he buscado; no me dejes _____ [ni en ignorancia ni de manera voluntaria] de tus mandamientos» (Sal. 119:10).

_____ es la recompensa. No Su dirección ni Su guía ni Su claridad, ni siquiera Su consuelo, alivio y aliento. Tan solo Él. Él es Aquel que _____ todo lo que estás buscando.

La misión principal de la Trinidad es _____ entre sí. Cuando esa también es tu _____ principal, estás alineado con los _____ de Dios y ajustado para escuchar Su voz.

Condenación es la obra del _____. Convicción es la obra del _____ _____.

Solo _____ tiene el derecho de condenarnos y, sin embargo, ha elegido no arrojar la _____.

La _____ de Dios sirve como un mecanismo interno para que yo pueda discernir Su _____.

Completa:

La «luz roja» de la convicción = _____

La «luz amarilla» de la inquietud = _____

La «luz verde» de la paz = _____

«Todo aquel que busca a Dios como un medio hacia un fin personal, no lo encontrará. El Dios todopoderoso, el Creador del cielo y de la tierra, no será uno de muchos tesoros, ni siquiera el mayor de los tesoros. Él será el todo en todos... o nada».[7] —A. W. TOZER

LA IMPORTANCIA DE LA INTIMIDAD

por el doctor Tony Evans

Mi esposa, Lois, y yo hemos estado casados por más de cuarenta y siete años. Durante este tiempo, hemos llegado a conocernos el uno al otro bastante bien, aunque (como en todos los matrimonios) seguimos en el proceso de descubrimiento. Gracias a nuestros años juntos, a menudo nos descubrimos diciendo lo mismo al mismo tiempo o incluso pensando lo mismo al mismo tiempo. Cuando tenemos que tomar una decisión sobre algo, pero no estamos físicamente en el mismo lugar para hablarlo, aun así, podemos escuchar la voz del otro en nuestra mente, típicamente con la misma respuesta que daría el otro si estuviera presente. Conocer a una persona te permite escucharla hablar aun cuando no puedes oír una voz audible.

La voz de Dios parece tan débil a muchos cristianos porque desean el equivalente de una relación de noviazgo con Él. Sin embargo, Él está buscando un matrimonio. Una unión santa. Unidad. Él quiere que prioricemos nuestra relación con Él por sobre todo lo demás. Por eso le dijo a la iglesia en Éfeso: «Pero tengo contra ti, que has dejado tu primer amor» (APOC. 2:4). Él dijo que, a menos que priorizaran de nuevo su relación con Él, se alejaría de en medio de ellos. Por el contrario, Él promete desarrollar una relación íntima con los creyentes que busquen acercarse a Él. Él desea una relación comprometida que conducirá a recibir el conocimiento de Su voluntad, conocimiento que viene del tiempo que pasan juntos en oración y en la meditación sobre Su Palabra.

En 1 Crónicas 14:8-17, Dios dio a David instrucciones sobre cómo vencer en una batalla contra los filisteos. David buscó al Señor en oración y Él le dio una clara estrategia a seguir, lo que lo llevó a derrotar a sus enemigos. Sin embargo, pronto el problema surgió de nuevo. Los filisteos se juntaron y lanzaron otro ataque. En esta ocasión, cuando David buscó al Señor en oración, Él le indicó un curso de acción diferente, que de nuevo resultó en la derrota de sus enemigos. Gracias a que David se encontraba en contacto tan cercano con Dios, pudo escucharlo dar dos instrucciones totalmente diferentes en cuanto al mismo asunto. Sin una relación tan íntima, trabajamos bajo suposiciones en lugar de hacerlo por una luz fresca de parte de Dios.

Cuando miro los reportes del clima en televisión nacional, escucho un resumen de las condiciones del clima de todo el país. Sin embargo, cuando miro los reportes en mis estaciones locales, escucho detalles del lugar donde vivo. Dios no quiere que recibamos solo comunicaciones generales de Él, sino también guía específica para nuestra vida, en el lugar donde vivimos. Tener una relación cercana con Él es esencial para crear el clima donde esta dinámica pueda suceder. Debemos promover esta relación de manera continua mediante una vida rendida de adoración y un corazón y mente transformados que busquen obedecerlo. Cuando hacemos esto, Dios nos promete que comprobaremos «cuál es la voluntad de Dios, buena, agradable y perfecta» (ROM. 12:2, NVI).

La revelación de Sus Planes

A PROPÓSITO

«Nada agrada más a Dios que cuando le pedimos algo que quiere darnos. Cuando pasamos tiempo con Él y permitimos que Sus prioridades, pasiones y propósitos nos motiven, le pediremos lo que está más cerca de Su corazón».[1]

—BRUCE WILKINSON

Es posible, o no, que conozcas el nombre de Arthur Blessitt. Si no, es probable que hayas oído la *razón* por la que se volvió famoso. En la década de los sesenta, abrió una pequeña cafetería en Hollywood (California), y fabricó una gran cruz de madera que clavó en la pared del nuevo establecimiento. Sin embargo, pronto se sintió movido a bajar la cruz y llevarla sobre sus hombros por la calle. Con el tiempo, la llevaría por todo el país y alrededor del mundo. A pie.[2]

No estoy bromeando.

El día de Navidad de 1969, comenzó su primera caminata.[3] Y, desde ese momento, literalmente ha «llevado su cruz» a cada nación soberana del planeta, incluyendo muchos archipiélagos y otras masas terrestres, por los siete continentes, más de 67.500 km (42.000 mi) a la última cuenta.[4] Se encuentra mencionado en *El libro Guinness de los récords mundiales* como el «Peregrinaje en curso más largo».[5]

Cuando menos, ha sido un proyecto único. Aunque es fácil que los críticos cuestionen si Blessitt escuchó o no a Dios al emprender un ministerio tan inusual (no es nuestro papel juzgar eso), no puede sino encantarnos lo que dijo sobre esta cruz de madera, muchos años después de haber comenzado su travesía: «Si hubiera sabido que tendría que llevarla por todo el mundo, no la habría hecho tan grande».[6]

Ah, sí, puedo identificarme con su sentimiento. ¿Y tú?

Si pudiéramos escoger, con certeza seguir a Dios no requeriría tanto esfuerzo y trabajo como a veces lo hace. Nuestras uñas bien cuidadas no necesitarían romperse ni ensuciarse, nuestros músculos espirituales no necesitarían estirarse ni fortalecerse, nuestros sueños y ambiciones no necesitarían someterse. Podríamos servirlo con poca resistencia. La cruz que fabricaríamos para cargar sería pequeña, de bolsillo, tan fácil de ignorar y convenientemente desarmable.

Y, sin embargo, los planes de Dios con frecuencia son diferentes a los nuestros. Los suyos no se acoplan a nuestros bajos estándares ni expectativas personales. Su agenda excede por mucho nuestra perspectiva minúscula, miope y estrecha, y requiere de nosotros cosas que Su Espíritu debe fortalecer para llevar a cabo. Cargar la cruz que Él nos da requiere de una perseverancia y tenacidad que puede que no hayamos planeado ejercer.

Por tanto, distinguir de manera precisa la voz de Dios requiere un realineamiento de nuestro corazón en humildad y en sumisión. Debemos rendir esa cruz favorable que nosotros mismos hemos fabricado y ponerla a un lado por completo. De otra manera, si nos aferramos a nuestras demandas de comodidad y de placer, nos perderemos muchas oportunidades ordenadas por Dios y acallaremos nuestra habilidad para escuchar la voz de Dios.

> Busca las siguientes referencias y pide al Señor que te hable por medio de ellas. ¿Qué mencionan estos versículos en cuanto a los planes de Dios? Anota cualquier manera en que estos sentimientos son importantes para ti en lo personal.
>
> Salmos 81:13-14
>
> Efesios 1:4
>
> Efesios 2:10

A medida que nos sumergimos en esta semana de estudio, pregúntate: ¿*De verdad* deseo escuchar los propósitos del Padre para mí y someterme a Sus planes o me interesa más buscar mis propios propósitos y esperar que Él los bendiga? Tu respuesta puede ayudar a aclarar los ruidos internos que te impiden discernir de manera correcta la guía de Dios en tu vida.

> Escudriña tu corazón. En oración y con sinceridad, escoge qué deseas más:
> ☐ Conocer los planes de Dios y ajustar mi vida a ellos
> ☐ Proceder con mis planes y esperar que Dios los bendiga

La semana pasada, aprendimos sobre canalizar lo que escuchamos del Espíritu Santo a través del prisma del *carácter* de Dios, tal como es revelado en Su Palabra. Sin embargo, también debemos canalizarlos a través de los *propósitos* de Dios. Así como Él nunca hablará una palabra que contradiga Su carácter, tampoco dirá nada que esté fuera de Sus planes de manera soberana designados para nuestra vida ni que se salga de la agenda de Su reino.

PLANOS DE CONSTRUCCIÓN

Desde que mi esposo y yo nos casamos, hemos estado ahorrando nuestros centavos para algún día construir una casa. Durante el último par de años, hemos trabajado con un arquitecto para diseñar el anteproyecto, aunque es cierto que nos hemos tomado nuestro buen tiempo en esta primera etapa: los planos.

Al principio del proceso, nos aconsejaron que pasar tiempo con el arquitecto en este paso inicial era crucial, porque todos los contratistas que más tarde echarían los cimientos, colocarían los tabiques y el cemento, harían la instalación eléctrica y los acabados necesarios, seguirían los detallados planos dibujados en estos documentos originales. Estos trabajadores tal vez no puedan ver de manera inmediata cómo sus contribuciones individuales encajan con el resto del diseño, pero en realidad están siguiendo las pautas establecidas por el plan maestro que asegurarán que la casa se vea, se sienta y funcione de la manera que debería, a través de su habilidad y talento individual en el proyecto.

Dios tiene un plan, un proyecto global para la edificación de nuestra vida, una compilación de especificaciones y de detalles para lograr Sus propósitos. El diseño completo ya está en su lugar. Por supuesto,

«Cuando buscamos promovernos a nosotros mismos o cuando buscamos que Dios vuelva exitosos nuestros planes, no siempre escucharemos la respuesta que queremos. Sin embargo, cuando le pedimos Su guía según lo que está en *Su* corazón y le preguntamos cómo podemos ajustar nuestra vida a *Sus* planes, la Biblia afirma que lo escucharemos con claridad».[7]
—HENRY Y RICHARD BLACKABY

podemos intentar elaborar uno diferente. Podemos fingir que somos mejores jueces de cómo nuestra vida debería funcionar y verse. No obstante, Dios ha pensado en todo. ¿Puedes confiar en Él en ese punto? El Arquitecto de tu vida sabe de manera exacta lo que está haciendo. Él sabe lo que te gusta y lo que más te deleita, según la manera en que te ha creado, y Él ha incorporado todas estas cosas en un plan que te capacita para hacer lo que Él quiere que hagas a medida que expresas tu individualidad… incluso si no puedes ver cómo algunos de estos detalles encajan en el diseño global.

Para un estudio más profundo, anímate con estos relatos bíblicos extensos:

• El ejército de Gedeón (Jue. 7:2-18)

• La edificación del tabernáculo (Ex. 25–30)*

*Observa la atención al detalle y la intención de Dios al revelarlo.

Ve a Génesis 6:13-16. ¿Cómo describirías las instrucciones de Dios a Noé para la construcción del arca?

☐ Generales
☐ Detalladas
☐ Ambiguas

Escribe cualquier observación de este pasaje que apoye tu respuesta.

¿Existe un área de tu vida en que estés preocupado de que Dios no te revelará los detalles de Su plan? ¿Cómo se vuelve en lo particular más difícil para ti en este momento confiar en los planos de Dios, dada la falta de especificaciones que has recibido?

Admito que a veces me he adelantado con mis propios propósitos, esperando que Dios les ponga Su sello de aprobación. Cuando Él no lo hacía, me frustraba y me decepcionaba, y a veces cuestionaba Su amor por mí y Su preocupación por mi bienestar. Sin embargo, la verdad es que estaba intentando torcer Su voluntad a la mía. ¿Por qué debería esperar que Él me anime o me equipe para lograr esto?

Tu amoroso Padre tiene una agenda específica para tu carrera, ministerio, finanzas y familia; un plan bueno y satisfactorio que por gracia te hace participar en los propósitos gigantescos de Su reino. Y estos planes, los planes de Dios, serán más satisfactorios y gratificantes que cualquier plan que pudieras soñar e intentar construir.

Revisa 1 Reyes 12:25-33 y su esclarecedor ejemplo de alguien que *no* se alineó con el plan de Dios. Anota cinco observaciones que puedas discernir de este pasaje.

1.

2.

3.

4.

5.

Observa el versículo 28 en el margen. Subraya el adjetivo que utilizó Jeroboam para describir la adoración en Jerusalén.

El rey Jeroboam quería una cruz pequeña, cómoda y fácil de llevar para el pueblo. ¿Buenas relaciones públicas? Sí. ¿Buena estrategia política? Quizás. Ya que él gobernaba la parte norte de un reino ahora dividido, su plan de crear dos sitios de adoración fue un intento por mantener al pueblo leal a sí mismo, en lugar de permitir que se les recuerde de manera regular su herencia compartida con sus hermanos al sur cada vez que viajaban a Jerusalén. Él elaboró una opción más conveniente y ventajosa para sí mismo y colocó un ídolo de oro tanto en Dan como en Betel, dos sitios que no requerirían demasiado esfuerzo ni tiempo de viaje.

Sin embargo, Dios ya tenía un plano. Él había ordenado y designado a Jerusalén como el lugar para que Su pueblo lo adorara. Él había establecido de manera clara que todas las tribus de Israel debían regresar a un solo lugar para participar en sus fiestas anuales y adorarlo (ver Deut. 12:5-14). Jeroboam escogió sus planes por encima de los de Jehová para apaciguar sus propios temores. Y, por esto, como los siguientes capítulos de 1 Reyes relatan, pagaría un alto precio.

¿De alguna manera estás hoy escogiendo tu conveniencia o comodidad antes de las instrucciones de Dios en tu vida?

«El rey hizo dos becerros de oro. Después dijo a la gente: "Para ustedes es muy complicado ir hasta Jerusalén a adorar. Miren, israelitas, ¡estos son los dioses que los sacaron de Egipto!"».
1 REYES 12:28, NTV

Comprometernos con los planes premeditados y soberanos de Dios y permitirles que gobiernen nuestra vida nos proporciona un marco para entender Su guía. Sin una fe confiada en la verdad bíblica, careceremos de medios para escuchar la voz de Dios con claridad cuando nos hable. En cambio, confundiremos nuestro propio deseo carnal de confort, conveniencia o placer con la voz de Dios. Por nuestra cuenta, siempre escogeríamos «Dan» y «Betel» antes que el complicado viaje hasta Jerusalén. Nuestra carne, si no el enemigo mismo, será rápida para sugerir que el camino de Dios «es en verdad complicado». Y, sin embargo, si Jerusalén es donde está la presencia de Dios, ninguna cantidad de actividad religiosa compensará la pérdida de Su bendición.

> Estar *rendido* es siempre una actitud espiritual dispuesta, que requiere la voluntad de abandonar tus propias ambiciones si es necesario. Sin embargo, es un compromiso importante que debemos hacer. Así que, en cuanto a la situación que ahora mismo estás enfrentando, considera en oración cuál es tu postura: ¿Conveniencia y comodidad? ¿O compromiso y obediencia?

¿Realmente crees que Dios ya tiene un plan para ti en esta situación?

○ SÍ   ○ NO   ○ No estoy seguro

¿Estás dispuesto a someter tu agenda a la de Él?

○ SÍ   ○ NO   ○ No estoy seguro

LOS PROPÓSITOS DE DIOS

A medida que terminamos la lección de hoy, observemos de cerca uno de los versículos más conocidos que estudiamos al principio de la lección. Efesios 2:10 nos ayuda a permanecer animados por los planes de Dios para nosotros y por cómo podremos lograrlos para Su gloria.

Este versículo establece cuatro verdades bastante poderosas. Tú eres 1) una obra maestra, 2) fuiste creado de nuevo, 3) para hacer buenas obras y 4) para actuar según Su plan. La versión de la Biblia utilizada

«Porque somos hechura suya, creados en Cristo Jesús para buenas obras, las cuales Dios preparó de antemano para que anduviésemos en ellas».
EFESIOS 2:10

en el margen te llama «hechura suya», pero la Nueva Traducción Viviente parafrasea esa palabra como «obra maestra», lo que dibuja una ilustración altamente descriptiva de lo que Pablo estaba diciendo.

- Somos obras de valor incalculable, formados de manera meticulosa por las manos de nuestro Creador.

- Él nos volvió a crear cuando fuimos salvos y nos equipó por completo en Cristo y por Su propio Espíritu para lidiar con lo que la voluntad de Dios requiera.

- Estamos siendo preparados y llamados para «buenas obras», actos semejantes a los de Dios que faciliten la agenda de Su reino y Sus propósitos en la tierra.

- Estas actividades no pueden ser logradas en nuestras propias fuerzas. Andamos en ellas a medida que Cristo se expresa en y a través de nosotros.

¿En cuál de estas verdades te cuesta más trabajo creer y vivir en conformidad? *Encierra tu respuesta.*

A medida que buscas escuchar la voz de Dios y descubrir Su plan, descansa en Su soberanía. Relájate en Su plan omnisciente y predeterminado para tu caminar. Él es un buen arquitecto. Él ha elaborado un diseño con atención detallada, hasta para los tornillos y tuercas de tu existencia. Tus intereses y pasiones individuales pueden expresarse dentro de Sus propósitos para ti, como parte de Sus propósitos para ti. Aferrarte al marco de lo que Él ha creado asegurará un resultado mucho más allá de cualquier cosa que hayas podido soñar.

Cuando Él habla, no trates de evadirlo ni de tomar la salida fácil. Si la cruz que debes llevar te parece más pesada de lo esperado, confía en que Él mismo te ayudará con el resto.

Tu trabajo es nada más caminar.

Escribe una oración al inicio de esta semana. Como marco para tu oración, utiliza el principio que encerraste anteriormente. Pide al Señor que te reoriente y fortalezca en este sentido durante tu semana de estudio. *(Utiliza otra hoja o un diario, si es necesario).*

LA INVITACIÓN

«Dios no será manipulado. Su misericordia y gracia son infinitas, y Su paciencia y empatía son incalculables, pero Él no ayudará a los hombres en Su afán egoísta por ganancias personales. Él no ayudará a los hombres a obtener aquello que, cuando ha sido obtenido, usurpa el lugar que Él debe ocupar por derecho pleno en nuestros intereses y afectos».[8]

—A. W. TOZER

Mi abuela tenía uno de los corazones más hermosos y tiernos que hayas podido conocer. Sé que puede parecer un cliché considerar a tu abuela como un modelo de feminidad entre un mar de opciones. Sin embargo, para mí, no se trata de retórica. Es la verdad. Ella falleció hace varios años después de noventa años de una vida buena, aunque difícil.

La primera parte de su vida la pasó en Guyana, en Sudamérica, donde nacieron mi madre y sus hermanos. Entonces, poco a poco, mi familia emigró al norte, a Estados Unidos, donde ahora tenemos raíces en extremo profundas. Durante sus primeros años de casada, mi abuela tuvo una vida complicada. Mi abuelo viajaba mucho y la dejaba en casa con ocho hijos para criar ella sola. Sufrió la pérdida de dos pequeños que murieron al nacer y una enfermedad personal cuando se acercaba a los treinta que la dejó con limitaciones físicas de por vida.

Mientras tanto, ella fue ferviente en la oración y fiel en sus prioridades como esposa y como madre. Y, sin embargo, ella tenía un deseo no tan secreto. Quería ser misionera. Más que nada, quería viajar y compartir de Cristo a lo largo del mundo, tal vez en alguna aldea tribal poco conocida. Su corazón palpitaba con entusiasmo tan solo de pensarlo.

Sin embargo, su sueño nunca se materializó. Después de todo, era mamá de ocho pequeños.

No obstante, en lugar de quejarse y de amargarse en disgusto, ella volteó a la pequeña tribu de pequeñuelos que corrían alrededor de su falda todos los días y entendió que *ellos* eran su campo misionero: mi mamá y mis queridas tías y tíos.

Todos ellos se sentaron a sus pies para aprender de la Palabra de Dios, para observarla orar y para aprender a orar ellos mismos. La trayectoria de la vida de ellos (y en última instancia de la mía) cambió por completo porque una mujer aceptó lo que Dios había colocado frente a ella como una *invitación* para asociarse con Él en los propósitos que Él había planeado para su vida. Estoy tan agradecido de que ella no se resistiera a Su invitación, sino que se diera por completo a la tarea que tenía delante.

Al discernir la guía de Dios, una de las peticiones más impactantes que puedes hacer es pedirle que abra tus ojos para ver, para *ver en verdad*, lo que Él está obrando alrededor de ti para, entonces, subirte al tren. En lugar de intentar de manera frenética (y fallida) crear tus propias oportunidades, busca los lugares donde Él ya te ha colocado.

El Espíritu Santo te revela el plan de Dios a medida que dirige las circunstancias de tu vida. Cuando tus ojos espirituales están abiertos para ver Su actividad divina en la tierra y tu corazón está dispuesto a participar, esta es una invitación. Él te está permitiendo ver esta «puerta abierta» como una manera de invitarte de manera personal a colaborar con Él. No necesitas conocer todos los detalles de todos los resultados *antes* de decir sí. Simplemente, debes decir *sí*, de antemano, sabiendo que, si Él te ha invitado a hacerlo, Él te dará el poder para llevarlo a cabo.

Di *sí* a Su invitación.

El Espíritu Santo me revela el _____ ___ _____ a medida que dirige las _____ de mi vida.

ALEATORIO, NO TAN ALEATORIO

En 1 Samuel 9, un hombre llamado Cis perdió unas asnas y le pidió a su hijo (y futuro rey), Saúl, que las buscara y las llevara de vuelta a casa. Nada en verdad interesante en una tarea como esa. Es notablemente similar a «recoge tu cuarto», «lava los platos» o «saca la basura», una de esas tareas monótonas y rutinarias que tan solo forman parte de la vida. Y, sin embargo, esta tarea que parecía intrascendente llevaría a un punto de quiebre que reorientaría la vida entera de Saúl.

Quiero que leas varios versículos de este pasaje de 1 Samuel 9, pero vale la pena que les dediques una atención lenta y meticulosa, ¿de acuerdo? Lee los versículos 1-17 y después responde las preguntas a continuación:

1. ¿Por cuántas ciudades y regiones pasaron Saúl y su compañero (vv. 4-5)?

2. ¿Qué nos revela la declaración de Saúl en el versículo 5 sobre sus sentimientos en cuanto a la búsqueda?

3. ¿Cuál fue su propósito al buscar a Samuel, el «varón de Dios» (v. 6)?

4. ¿Cuál fue el propósito de Samuel al encontrarse con Saúl (v. 17)?

Saúl salió para buscar algunas asnas y terminó siendo ungido como rey. Su tarea rutinaria, frustrante y tardada en realidad fue un conducto divinamente dirigido para un propósito más grande. Él no pudo haber sabido cómo Dios estaba obrando del otro lado de su circunstancia, ni cómo Dios estaba preparando y alineando eventos y personas para su llegada. Y tampoco tú puedes saberlo. Todo lo que puedes hacer es comprometerte por completo con la tarea que tienes por delante hoy, creyendo que «a los que aman a Dios, todas las cosas les ayudan a bien, esto es, a los que conforme a su propósito son llamados» **(ROM. 8:28)**.

Nunca pienses que tus circunstancias están desconectadas de Su guía y voluntad. Él utiliza actividades aparentemente sin significado como herramientas para dirigirte hacia Sus planes. No pases tu tiempo deseando escapar de la temporada de la vida en la que te encuentras. Simplemente continúa adelante, esperando que Dios te haga cruzarte con Sus propósitos o con circunstancias diferentes. Cuando le pidas dirección, toma en cuenta la probabilidad de que tus actividades y responsabilidades actuales ya forman parte del camino que conduce hacia Sus propósitos.

Muchas otras personas cuyas historias aparecen en la Escritura se encontraron en un camino inverosímil que los llevó de forma directa a los propósitos soberanos de Dios. Escoge al menos uno de los siguientes ejemplos que no te resulte tan familiar y explóralo. ¿Qué sucedió como resultado de esta circunstancia en la vida de cada persona?

José (Gén. 37:23-28)

Moisés (Ex. 3:1-4)

Rut (Rut 1:3-7)

Ester (Est. 4:10-14)

Daniel (Dan. 6:6-10)

Ananías (Hech. 9:10-16)

Con respecto a nuestro tema de hoy, puedo pensar en otro personaje en la Escritura que me intriga. Es una mujer sin nombre y sin rostro cuyos detalles de vida están velados en misterio. Su aparición en el panorama bíblico es breve y se encuentra en 2 Reyes 5:2-3. Léelo en el margen.

¿Puedes verla? Una joven, arrebatada de su vida en Israel y relegada a un ambiente desconocido, forzada a someterse a un trato duro como esclava en Siria. Esta no era la vida que habría preferido ni esperado y, sin embargo, por razones que no pudo haber entendido desde su punto de vista, allí se encontraba.

Ve de vuelta al pasaje en 2 Reyes y encierra dos cosas: 1) lo que ella hizo, 2) lo que ella dijo.

No te pierdas las valiosas lecciones que podemos aprender de la vida de esta joven. A pesar de sus circunstancias menos que deseables, ella hizo su trabajo. No sabemos si estaba tratando de escapar o no, pero el autor deja en claro que ella estaba sirviendo. Ella se había comprometido con la tarea que tenía delante. Sin embargo, esto no era todo. Mientras estaba en sus tareas, sus ojos estaban bien abiertos para ver la necesidad de curación que tenía su amo, y ella tomó la oportunidad para hablarle a la esposa de él sobre Eliseo y de la sanidad que él podría ofrecerle en el nombre de Jehová.

No hay manera en que habría podido saber el notable rol que tenía por delante, no solo en la vida de esta familia, sino también en la historia global del plan de redención de Dios. Siglos más tarde, cuando Jesús caminó sobre la tierra y comenzó a explicar la amplitud de su ministerio más allá de los judíos a los gentiles, Él exaltó el ejemplo de la sanación de Naamán: «Y muchos leprosos había en Israel en tiempo del profeta Eliseo; pero ninguno de ellos fue limpiado, sino Naamán el sirio» (LUC. 4:27). Adivina qué: Dios utilizó la sensibilidad espiritual de una joven en un lugar no deseado para llevar esto a cabo.

Recuerda las situaciones de tu vida que escribiste en la contraportada o al final de este libro. ¿Le has pedido a Dios que te abra los ojos para ver Sus propósitos en estas circunstancias? ¿Existe alguna manera en que has visto ya la mano del Señor moverse o Sus propósitos divinos han sido cumplidos mediante estos eventos?

«Y de Siria habían salido bandas armadas, y habían llevado cautiva de la tierra de Israel a una muchacha, la cual servía a la mujer de Naamán. Esta dijo a su señora: Si rogase mi señor al profeta que está en Samaria, él lo sanaría de su lepra».

2 REYES 5:2-3

¿Qué te confirma esto sobre tu proceder?

A menudo encontramos la voluntad de Dios cuando hacemos lo que viene adelante y respondemos con obediencia a los deberes normales de la vida. La fallecida autora y maestra de la Biblia, Elisabeth Elliot, dijo que uno de los mejores consejos que jamás recibió en su vida fue: «haz lo que sigue».[9] Nos encontraremos con la guía de Dios a medida que participamos y nos comprometemos con nuestras circunstancias actuales.

Dios es el Dios de este momento. Él no nos llama a afligirnos por el pasado ni a preocuparnos por el futuro. Él quiere que nos enfoquemos en lo que nos está diciendo y poniendo delante hoy. La voz del enemigo se enfocará en el pasado y en el futuro; la voz de Dios lo hará en el hoy y nos señalará con confianza hacia el futuro.

¿Quieres conocer la voluntad de Dios para ti?

Bueno, ¿qué ha colocado delante de ti hoy?

Hazlo.

EL MOMENTO LO ES TODO

«La voz de este ladrón, a diferencia de la de Dios, amenaza e intimida con base en el temor: *Si no haces esto, te arrepentirás.* Puede que te ordene o que intente forzarte a hacer cosas. A menudo, es urgente y apremiante, santurrona y degradante: *¡Haz esto ahora! ¡Si te demoras, todo estará perdido!*».[10]

—JAN JOHNSON

Soy impaciente.

Allí está.

Lo admito.

Si existe un área en la que estoy de manera constante buscando a Dios para recibir la fortaleza de Su Espíritu (aunque, créeme, hay muchas, muchas más), aquí está la clara ganadora. *Paciencia.* Soy una joven pragmática, lista para avanzar hacia lo siguiente por hacer desde el momento en que descubro que algo «siguiente» por hacer. Si hay un proyecto por realizar, entonces, realicémoslo. Si hay un paso por tomar, tomémoslo. Si hay una decisión por tomar, ¿por qué rayos no se ha tomado todavía?

Tengo que admitir que mi esposo, Jerry, me gana en esta área. Este fruto específico del Espíritu brilla en su vida con un fulgor resplandeciente. Ese hombre puede considerar una decisión de manera minuciosa día tras día, evaluando todas las consecuencias hasta que finalmente… *finalmente*… llega a una decisión. (¡Señor, ayúdame!). Y, sin embargo, Dios a menudo ha bendecido a nuestra familia con protección o con alguna oportunidad porque Jerry nos guio a esperar. A esperar el momento correcto.

¿Qué hay de ti? ¿De manera natural te inclinas hacia la paciencia? ¿O a la impaciencia? Da un breve ejemplo.

«Aunque la visión tardará aún por un tiempo, mas se apresura hacia el fin, y no mentirá; aunque tardare, espéralo, porque sin duda vendrá, no tardará».
HABACUC 2:3

Estoy al fin aceptando que mi resistencia a esperar y mi aversión natural a las demoras o cambios inesperados puede ser una de mis limitaciones más grandes para escuchar la voz de Dios y para discernir con precisión Su plan. La impaciencia es un ladrón que nos roba el mejor camino porque no estamos dispuestos a esperar hasta que es revelado. En cambio, nos lanzamos hacia adelante a cualquier sendero que encontramos y esperamos lo mejor. No obstante, los propósitos de Dios no solo incluyen *planes* específicos, sino también un *momento* específico. Él dirige ambas cosas, tanto los planes *como* el momento, tanto los eventos en tu vida *como* el marco cronológico en el que ocurren. Nuestros pasos están ordenados. «El corazón del hombre piensa su camino; mas Jehová endereza sus pasos» **(PROV. 16:9)**. Cuando Él habla, es en sintonía con Sus tiempos perfectos para lograr Su agenda predeterminada.

Cuando Dios habla, es en sintonía con Sus _____

_____ para lograr Su _____ _____.

TICTAC

Nada puede tomar a Dios por sorpresa. Por eso, cuando te sientas apremiado y apresurado por tomar una decisión, cuando tu siguiente paso no está cimentado en la confianza profunda de la paz interior, esto en sí mismo es un indicador de que, tal vez, Dios no ha hablado. Él nunca llega tarde; nunca se retrasa. Al contrario, Él nos da con paciencia y persistencia su guía antes de pedirnos obediencia. Si te sientes abrumado por el impulso a actuar de manera espontánea en algún área de tu vida, detente y espera por claridad.

Lee Juan 10:2-4 en el margen. Subraya las porciones que caracterizan con claridad la manera en que nuestro Pastor nos guía.

Una de las cosas que subrayé en este pasaje es que Él «las conduce afuera». Nuestro pastor guía, no empuja. Una diferencia entre la voz del enemigo y la del Pastor es que Jesús no nos coacciona con miedo o intimidación. Él no empuja ni fuerza. Él guía, anima y atrae con gentileza.

○ SÍ   ○ NO   ○ Te sientes apurado a tomar alguna decisión ahora mismo?

«Pero el que entra por la puerta, es el pastor de las ovejas. A este le abre el portero, y las ovejas oyen su voz; llama a sus ovejas por nombre y las conduce afuera. Cuando saca todas las suyas, va delante de ellas, y las ovejas lo siguen porque conocen su voz».
JUAN 10:2-4, LBLA

Si es así, ¿de qué manera?

¿Qué te sugieren los propósitos predeterminados de Dios sobre la presión de tomar decisiones apresuradas?

Si en verdad crees que Dios te hablará en el momento adecuado, nunca deberías sentirte apremiado ni apresurado a tomar una decisión. Si no tienes claridad en algo, espera. No te muevas. Solo cuando Dios te haya hablado tendrás la instrucción para responder en obediencia. ¿Mientras tanto? Permanece comprometido lo mejor que puedas con la última cosa que te dijo que hicieras. Porque, escucha: *Esperar no es lo mismo que permanecer inmóvil. Esperar es un compromiso de continuar en obediencia hasta que Dios hable.*

En esas ocasiones cuando debes tomar una decisión antes de algún momento o fecha, filtra tus opciones por las cinco M (p. 56) y luego considera dos cosas: ¿Qué opción 1) le dará a Dios más gloria o 2) provocará que tu relación con Él crezca de alguna manera en específico?

¿Cómo responderías a estas dos preguntas en cuanto a alguna situación específica que demande alguna decisión con fecha límite?

Muchos cristianos, y estoy hablando de cristianos activos y diligentes, aunque tienen buenas intenciones en su búsqueda por escuchar a Dios, viven vidas tensas. Intentan encontrar a diestra y a siniestra instrucciones espirituales específicas y se desalientan cuando no pueden encontrar respuestas en su propio tiempo. Incluso con una consciencia tranquila que los guía, están seguros de que, de alguna manera sutil y secreta, le están fallando a Dios; de otra manera, Él

> Esperar no es lo mismo que permanecer inmóvil. Esperar es un compromiso de continuar en obediencia hasta que Dios hable.

sería mucho más directo con ellos y les diría todo lo que necesitan saber en ese momento.

Querido amigo, lo que deseo es que confíes en Él, que confíes en Su plan y en Sus tiempos. Respira profundo con el conocimiento de que Sus propósitos han sido calculados en específico contigo y con Sus propósitos globales en mente. Entonces, permítete la libertad de relajarte y de esperar, de estar atento a Su siguiente mensaje en el momento en que Él decida que es el tiempo correcto. No sucumbas ante la ansiedad de la presión. No significa que has hecho algo malo y no significa que debes estar haciendo otra cosa. Si Él no te ha dicho nada más es porque todavía no necesitas *saber* nada más. *Confía en Él en este asunto.* Comprométete a hacer lo que tienes delante con fiel sencillez, confiado en que este es el ritmo de la voluntad de Dios para tu vida hoy.

DESVÍOS Y RETRASOS

Confiar en los tiempos de Dios también nos da una perspectiva renovada de los retrasos. Cuando nuestra impaciencia borbotea en la superficie y se derrama hacia nuestra realidad, tornándonos en personas plagadas de ansiedad, saturadas de preocupaciones y de frustración, la soberanía de Dios calma nuestra inquietud. Los retrasos son tan solo desvíos. Las interrupciones de la vida son tan solo intervenciones divinas que te colocan en posición para experimentar, no solo lo mejor de Él para ti en lo personal, sino también Su plan global y extensivo para la humanidad.

> Considera la situación de Elisabet y de Zacarías en Lucas 1:6-7. Describe su circunstancia y la manera en que se conecta con la lección de hoy.

Me pregunto cuánto tiempo esperó esta pareja, cuántas veces sus esperanzas se frustraron cuando el cuerpo de Elisabet confirmaba mes tras mes que aún no estaba embarazada. Sus sueños se retrasaban y se ponían en espera otra vez

Y, sin embargo, un día en medio de sus labores sacerdotales, Zacarías vio un ángel junto al altar del incienso que le decía: «Tu oración ha sido oída, y tu mujer Elisabet te dará a luz un hijo», y él «hará que muchos de los hijos de Israel se conviertan al Señor Dios de ellos» **(VV. 13, 16)**.

No obstante, el anuncio del ángel no se detuvo allí.

¿Qué otra característica le reveló el ángel a Zacarías con respecto a este niño al final del versículo 17? ¿Qué tenía de especial el momento del nacimiento de Juan el Bautista?

Desde la perspectiva de Zacarías y de Elisabet, su incapacidad para concebir un hijo probablemente no tenía sentido. ¿Por qué haría Dios esto? ¿Por qué lo permitiría? Sin embargo, Su plan no fue tan solo que tuvieran un hijo, sino que este hijo tuviera una misión especial en conjunto con la historia de la redención. Esta intersección de la vida del bebé con los propósitos divinos sería fundamental en la llegada del Mesías. Elisabet no era demasiado anciana. Dios no se había retrasado. El tiempo era el correcto. De hecho, era perfecto. Cada retraso, cada decepción había tenido su razón.

Piensa en José (del Antiguo Testamento). Existen varios versículos que quiero que busques, pero valdrá la pena el tiempo. Para cada porción de la Escritura, enumera los desvíos que pudieron haber descarrilado su vida.

Génesis 37:23-24

Génesis 37:28

Génesis 39:1

Génesis 39:11-20

Génesis 40:14, 23

¿Cómo fue que en última instancia todos estos retrasos
y decepciones posicionaron a José para el objetivo de su
vida?

Génesis 41:39-40

Génesis 42:1, 6, 8

Génesis 45:4-8

Génesis 50:20

«Todo tiene su tiempo, y todo lo que se quiere debajo del cielo
tiene su hora» **(ECL. 3:1)**. No solo «todo», sino también *tu* todo. Los
retrasos que más te frustran, incluso los que vienen como resultado
del descuido o error de otra persona, no eliminan la intencionalidad
de los propósitos de Dios. Los retrasos de la vida a menudo son
desviaciones divinas que te posicionan en el mejor lugar para que los
planes de Dios sean cumplidos en tu vida.

¿Te enfrentas ahora a algún retraso o interrupción
importante? ¿Qué te frustra más del asunto en este
momento?

¿De qué manera una confianza renovada en los tiempos de Dios afectaría tus sentimientos al respecto?

SIN LÍMITES

Una gran parte de la frustración al escuchar a Dios se centra en el asunto del *momento*. Queremos saber más de lo que Él quiere revelar. Y queremos saberlo *ahora*. No obstante, la verdad es que, hablando de manera personal, si Dios me hubiera hablado hace veinte años con todo detalle de todo lo que Él planeaba encomendarme en cuanto a dinámicas familiares, responsabilidades ministeriales y sucesos cotidianos, habría corrido impacientemente a cumplirlos en el momento equivocado o huido de ellos tan rápido como me fuera posible. En ese momento, yo no estaba equipada ni en lo espiritual ni en lo emocional para lidiar con la carga de saberlo todo. La mayor parte del tiempo, así es con nosotros. Por eso, Dios nos habla de manera progresiva, conforme necesitemos saber las cosas, y nos da suficiente luz tan solo para el siguiente paso. Confiamos en Él y, entonces, Él nos lleva hacia adelante.

Escúchame: Cuando sea el momento correcto para saber más, Él te lo dirá. Hasta entonces, las cosas que Él ya te ha mostrado que son Su voluntad para ti son las únicas que necesitas para la victoria. Estas son las cosas que necesitas saber *ahora* y por las que eres responsable *ahora*.

Así que, en lugar de pedir a Dios que te revele Su voluntad para los siguientes veinte años de tu vida, enfoca tu petición en algo más. Pídele que te de valentía para comprometerte por completo en lo que Él ha puesto delante de ti *hoy*, así como la fidelidad para permanecer en el camino hasta que Él te dé instrucciones diferentes o nuevas. Mantén una confianza firme en Sus propósitos, en Sus planes… y en Sus tiempos perfectos.

«Aún tengo muchas cosas que decirles, pero ahora no las pueden soportar».
JUAN 16:12, NBLA

EL RETO

«El mundo te dirige hacia tus fortalezas; Dios obra mediante tus flaquezas [...]. La razón humana te instruye a conocer tus límites y a vivir dentro de ellos. Dios declara que Él hará lo imposible a través de ti».[11]

—HENRY Y RICHARD BLACKABY

Quiero que comiences la lección de hoy recordando lo que ya hemos visto esta semana. Hemos introducido y mezclado algunos temas y principios importantes. Me he sentido animada y puedo decirte que mi propia perspectiva se ha reorientado durante mi tiempo de estudio.

Revisa de nuevo tus notas y escribe los temas más importantes de la lección de cada día aquí:

Día uno:

Día dos:

Día tres:

¿Cuál de ellos te impactó más? ¿De qué manera específica?

Agreguemos hoy otra capa de entendimiento a nuestro arsenal. He observado que, cuando Dios habla, Su instrucción rara vez tranquiliza mi preferencia a ceder a mis propias debilidades, inseguridades y limitaciones. Él no confina Sus instrucciones a mi nivel natural de comodidad ni a mi capacidad. De hecho, por lo general, si escucho un mensaje que me reta y que requiere de mí una dependencia en Él más específica para cumplirlo, puedo detectar que se trata de Su guía. Cuando Él habla, con frecuencia me comisiona para hacer lo que yo no puedo en mis propias fuerzas. En cambio, Él «me llama a las aguas, donde mis pies pueden fallar».[12] Si he de seguirlo en obediencia, Su Palabra a menudo me obliga a salir de la zona de confort de mis habilidades naturales para entrar en el territorio de Sus posibilidades sobrenaturales.

Su Palabra me obliga a salir de la zona de confort de mis

_____ naturales para entrar en el territorio

de Sus _____ sobrenaturales.

EL RETO DE SU PLAN

Aunque a menudo Dios obra por medio de tus fortalezas y dones y los usa para cumplir Sus propósitos, con frecuencia, Él te pedirá que hagas algo que nunca harías por tus propios medios. Él le recordó a Isaías: «Como son más altos los cielos que la tierra, así son mis caminos más altos que vuestros caminos, y mis pensamientos más que vuestros pensamientos» **(ISA. 55:9)**. Cuando Él habla, Sus palabras te retarán a hacer algo fuera del territorio natural de tus pensamientos y acciones.

Jan Johnson escribe: «Si lo que percibes de parte de Dios nunca contiene nada que te sorprenda, probablemente tú mismo lo estás fabricando. Es probable que Dios te esté hablando cuando lo que escuchas suena diferente a tu propia voz, o cuando es tan simple y profundo que jamás lo habrías pensado por ti mismo».[13]

Cuando un pensamiento surge en tu mente de forma inesperada, no lo ignores. Revisa en tu interior para ver si el Espíritu Santo te está alentando a seguir meditando en eso. A menudo, sé que Dios me está hablando cuando me viene un pensamiento que me deja sintiéndome sorprendida, tal vez incómoda, porque sé que no puedo hacerlo en mis propias fuerzas. Entonces, cuando el Espíritu Santo me trae una convicción que no me deja descansar hasta que avanzo, sé que viene de Dios.

- Noé recibió la instrucción de construir un arca para sobrevivir un diluvio que llegaría dentro de ciento veinte años.

- Abraham recibió la instrucción de abandonar su hogar para dirigirse a un país desconocido.

- Samuel recibió la instrucción de dar un mensaje difícil a su mentor, Elí.

- Ester recibió la instrucción de abogar por su pueblo ante el rey.

- María recibió la instrucción de ser la madre del Mesías.

Profundiza en los siguientes ejemplos. Lee el pasaje que acompaña a cada uno y anota cómo las instrucciones de Dios retaron al oyente.

Moisés (Ex. 3:1-10)

Gedeón (Jue. 6:12-14)

«Si eres Hijo de Dios, di que estas piedras se conviertan en pan».

MATEO 4:3

El joven rico (Luc. 18:18-23)

Encierra el pasaje que tenga un tema o tono similar a algo que estás enfrentando en la actualidad.

En Mateo 4, Satanás intentó que el Mesías se lavara las manos de lo que el Padre quería lograr.

«Si eres Hijo de Dios, échate abajo; porque escrito está: A sus ángeles mandará acerca de ti, y, en sus manos te sostendrán, para que no tropieces con tu pie en piedra».

MATEO 4:6

Observa los versículos seleccionados de Mateo 4 en el margen, que relatan cuando Jesús fue guiado al desierto por el Espíritu Santo (no te pierdas ese punto importante del versículo 1) para ser tentado. Para cada deseo a continuación, describe cómo la sugerencia del enemigo tentó a Jesús a satisfacerlo.

- Satisfacer apetitos carnales _____

«Todo esto te daré, si postrado me adorares».
MATEO 4:9

- Recibir atención y admiración _____

- Evitar la muerte y el sufrimiento _____

Las voces de nuestro enemigo, de nuestro orgullo, de nuestra apatía e incluso de nuestro propio ego siempre nos darán una salida fácil. Sus sugerencias siempre buscarán evadir el camino de Dios con promesas de confort, con atajos y con gratificación inmediata. Nunca nos alientan a mantener el rumbo, a perseverar hasta el final en nuestro compromiso ni a echar mano de los recursos divinos en el camino. Nos animarán a esconder nuestra propia debilidad y fragilidad en lugar de ofrecérsela a Jesús.

Sin embargo, el camino de Dios por lo general no incluye atajos. Él coloca tareas extraordinarias en el plato de personas ordinarias para que esas personas ordinarias puedan ver lo que un Dios extraordinario puede lograr a través de ellas.

> ¿Cómo puede tu decisión de escoger el camino más retador hacer espacio para que el poder de Dios se manifieste en ti? ¿O para que tu dependencia en Él crezca? *Planea hablar sobre esto con tu grupo pequeño.*

> Detente por un momento y habla con el Señor sobre lo que acabas de escribir. Pídele que te dé Su paz y valentía para aceptar cualquier reto que represente lo mejor de Él para ti.

Si se nos da una opción más fácil que la que Dios nos pide que tomemos, de manera entendible nos veremos inclinados a escogerla. ¿Quién quiere más problemas que los que ya tiene? Sin embargo, la voz de Dios nos manda la opción que pondrá en despliegue Su poder. Y «fácil» no siempre provee el telón de fondo para ese tipo de despliegue milagroso. Él desea mostrarse a sí mismo de manera poderosa a ti y te animará a hacer cosas que requieran confianza y fe. La voz del enemigo comenta: «No tienes lo necesario. No eres capaz. No puedes hacerlo». La voz del Espíritu Santo proclama: «Yo tengo lo necesario. Yo soy capaz de hacerlo a través de ti. ¡Yo puedo!».

Cuando tengas en frente dos opciones y ambas parezcan agradar a Dios, considera cuál de ellas pondrá en despliegue la gloria, el poder y la fuerza de Dios en lugar de la tuya. Esto le da espacio a Dios para revelarse a ti y para manifestarse a través de ti.

UNA PALABRA FINAL

Por favor, no me malinterpretes. No estoy sugiriendo que el camino de Dios *nunca* es fácil, *nunca* es cómodo y *siempre* será tan difícil como sea posible. Lo que estoy diciendo es que, cuando se levanta en tu corazón una convicción hacia algo difícil o casi imposible, recuerda que esta es a menudo la señal de Su dirección. Tu propia carne o tu propio ego nunca te moverían a hacer algo que sabes que no puedes lograr. Tu propia mente siempre intentará convencerte de quedarte en tu zona segura donde el camino ha sido probado y tus capacidades determinadas. Y, sin embargo, si la convicción persiste y la paz de Dios gobierna en tu corazón, voltea la mirada hacia arriba.

Tengo que ser honesta contigo: esta característica de la voz de Dios se ha vuelto una de las maneras más importantes para mí para reconocer Su guía en mi vida. Se ha vuelto un patrón en Su trato conmigo. Cuando recuerdo a dónde ha llevado mi ministerio, reconozco que cada etapa fue edificada sobre el fundamento de la anterior. En cada punto, cuando nuestro ministerio se movió hacia una nueva dimensión, Él nos pidió que cruzáramos un sólido puente de fe para llegar allí.

Por lo general, me sentía tremendamente intimidada por lo que el Señor me estaba llamando a hacer. Me sentía incapaz, atemorizada, abrumada y mal equipada para la tarea. (Incluyendo la tarea de escribir, por ejemplo. Como escribir estudios bíblicos como el que está entre tus manos ahora mismo).

No obstante, de manera continua estoy trabajando para acallar la voz dentro de mí que quiere tomar la salida fácil. (*Date por vencida. Ni siquiera lo intentes. No eres lo suficiente capaz. No puedes hacerlo*). Y de manera constante le estoy pidiendo a Dios que me dé paz para avanzar por el camino que Él ha trazado para mí, a pesar de los retos que puedan aparecer adelante.

Sin embargo, aquí está lo importante: Siempre que he seguido Su camino, Él nunca ha fallado en mostrarse en el momento preciso y en darme exactamente lo que necesito. Al principio, puede que no siempre esté de acuerdo con Sus planes, pero estoy aprendiendo

«Una de las maneras en que reconocemos Su voz es que Él nos mantiene en un punto de confianza en Él para algo nuevo en nuestra vida personal, en la de nuestros seres queridos, en nuestro ministerio. Confiando en Él para ir a niveles más profundos, para crecer más, para expandirse más, y siempre avanzando de fe en fe».[14]

—PETER LORD

a confiar en Él a pesar de eso. Llevar un registro de nuestra historia juntos ayuda a mantener a flote mi fe en el futuro.

Dios quiere que veas las maravillas que puede lograr en ti. No tengas miedo del difícil camino que Él puede pedirte que tomes. Ten ánimo y emociónate por ver Su actividad divina y sobrenatural en y a través de ti.

Una de las cosas que más ha ayudado a edificar mi fe es llevar una lista continua de tareas retadoras que he visto al Señor lograr a través de mí. Para terminar la lección de hoy, utiliza las líneas a continuación para escribir una crónica de algunas cosas difíciles que hayas logrado tras dar pasos de fe. ¿Cómo mostró el Señor Su fuerza a través de tu debilidad? ¿Cómo fortifica esto tu compromiso a obedecer en el futuro?

_____

_____

_____

_____

_____

_____

_____

_____

_____

_____

_____

_____

_____

_____

_____

_____

EL QUINTO DÍA

Desbloquear los propósitos de Dios para tu vida depende en su mayoría de lo que has estudiado esta semana. Hacer la conexión entre la voz de Dios y Su plan es una clave principal para discernir Su guía. Muchas ocasiones, escucharlo es menos sobre lo que *escuchas* y más sobre lo que *ves*: Sus huellas dactilares, la obra de Sus manos, Sus planes que se desarrollan delante de ti. Esta es tu invitación.

Su voz siempre reflejará Sus planes, planes que siempre son más grandes que los nuestros, siempre son mejores, siempre llegan a tiempo y, sí, con frecuencia son más demandantes de lo que quisiéramos. Sin embargo, la bendición que Él ofrece cuando confiamos en Él también es mucho más grande de lo que esperamos. Incluso cuando otros no puedan ver por qué te parece tan fructífero y positivo seguirlo, incluso cuando tú mismo no lo ves en algunos momentos, el regalo de tan solo poder estar cerca de Él, cerca de Su corazón y cerca de Sus propósitos eternos en tu vida es más de lo que la mayoría de la gente tendrá la oportunidad de experimentar. Ah, de cuánto se pierden por pensar que Sus planes son mucho más importantes, satisfactorios y duraderos.

Si Él ha atrapado tu corazón esta semana con una pasión renovada para buscar Sus planes y propósitos, permite que el ejemplo de Jesús te instruya a medida que procedes en obediencia humilde.

Busca Juan 5:19 en tu Biblia y parafraséalo aquí en tus propias palabras. ¿Cómo se vería la acción que Jesús describe aquí si la aplicas a tu vida?

Jesús no solo hizo la voluntad del Padre, sino que, escucha esto: ¡Él hizo la voluntad del Padre y *solo eso*! Él no creó nuevas ideas ni se movió por cuenta propia. Él tan solo reconoció la voluntad del Padre y luego la siguió. Y nosotros podemos hacer lo mismo. No es necesario complicar más las cosas. No necesitas preocuparte de que te estés perdiendo algo. No necesitas tratar de descifrar cómo cumplir la voluntad de Dios y la tuya propia en el mismo día. Lo que sea que Él diga, nosotros lo hacemos. Donde sea que Él nos muestre que está trabajando y que nos invita a participar, allí vamos para servirlo.

Lee Juan 12:26 en el margen. Subraya dos cosas que este versículo revela sobre los verdaderos siervos de Dios.

«Si alguno me sirve, sígame; y donde yo estuviere, allí también estará mi servidor. Si alguno me sirviere, mi Padre le honrará».
JUAN 12:26

Siento una profunda convicción por los principios de este pasaje. Los verdaderos siervos de Dios lo siguen y van adondequiera que Él vaya. No hay más que decir; desde ahora comienza una vida con propósito.

Dios quiere revelarse a sí mismo y Sus planes a ti. *Quiere* hacerlo. Él te *invita* a ese lugar. Así que mantente atento; ten bien abiertos tus ojos espirituales a Sus propósitos. Cuando Él te permite ver Su actividad en las circunstancias de tu vida, estás escuchando Su voz. Usa tu tiempo durante este quinto día para pedirle a Dios en oración, e incluso en papel, que abra tus ojos espirituales para que nunca vuelvas a perderte Su invitación divina.

_____

_____

_____

_____

_____

_____

_____

_____

_____

_____

_____

_____

LA REVELACIÓN DE SUS PLANES

RESUMEN

UNA VEZ QUE HAS TERMINADO TU ESTUDIO DE LA SEMANA, COMPLETA LAS FRASES A CONTINUACIÓN Y REFLEXIONA SOBRE CADA UNA DE ELLAS.

- Tu amoroso Padre tiene una _____ específica para tu carrera, ministerio, finanzas y familia, un plan _____ y _____ que por gracia te hace participar en los propósitos gigantescos de Su _____ .

- El Espíritu Santo me revela el _____ de Dios a medida que dirige las _____ de mi vida.

- Nos encontraremos con la _____ de Dios a medida que _____ y nos _____ con nuestras circunstancias actuales.

- Dios es el Dios de este _____ . Él no nos llama a afligirnos por el _____ ni a preocuparnos por el _____ .

- Esperar no es lo mismo que permanecer _____ . Esperar es un compromiso de continuar en _____ hasta que Dios hable.

- Dios nos habla de manera _____ , conforme necesitemos saber las cosas, y nos da suficiente luz tan solo para el siguiente _____ .

«Dios nos susurra en nuestro placer, nos habla en nuestra conciencia, pero grita en nuestro dolor».[15] —C. S. LEWIS

LA CONEXIÓN DE LA IGLESIA
por el doctor Tony Evans

La voz de Dios tiene un propósito primordial: darle la gloria a Él mediante el avance de Su reino. Toda la Escritura está ligada con esta meta. Si esta meta no es también la nuestra, estamos mal alineados con Sus planes definitivos para nuestra vida, lo que resultará de manera natural en no poder escuchar Su voz con claridad.

La iglesia de Dios es el agente principal para alcanzar Su meta suprema. Su responsabilidad primordial es representar y avanzar el programa del reino de Dios en la historia (Mat. 16:18-19). Por eso, como pastor me entristece conocer a cristianos que están alejados de la iglesia, porque sé que están operando fuera del plan de Dios y que, como tal, estarán mal posicionados para escuchar Su voz. Ya que Él habla con mayor fuerza dentro de esta comunidad establecida por Dios, los cristianos desconectados son menos propensos a conocer Su agenda y a formar parte de ella. El concepto de la iglesia como poco más que un lugar adonde asistimos de manera semanal para recibir información espiritual e inspiración se queda muy corto de su propósito real. La iglesia existe para cooperar con la agenda del reino de Dios. Por esto, los creyentes tienen la instrucción de no dejar de congregarse con otros creyentes (Heb. 10:23-25). Hacerlo de manera intencional es actuar en rebelión.

La Biblia se refiere a la iglesia como un «cuerpo» (1 COR. 12:13). Cristo, como cabeza del cuerpo (Ef. 1:22-23), comunica a las diferentes partes cuáles son sus funciones para cumplir los propósitos de Su reino para su vida. Sin embargo, ninguna parte individual puede recibir instrucciones de la cabeza si está separada del resto del cuerpo. La comunicación de parte de Dios toma lugar en el contexto de la unión espiritual con otros. En Hechos 13:1-4, el Espíritu Santo habló durante una experiencia de adoración y dio instrucciones claras en cuanto al trabajo que quería que Pablo y Bernabé realizaran para los propósitos de Su reino. Esta historia en Hechos nos demuestra que Su voz en la iglesia no está limitada a lo que sucede en el púlpito, sino que se extiende también a lo que sucede en los asientos, a medida que el cuerpo crece por medio de lo que «las coyunturas proveen» (EF. 4:16, LBLA). Todos participamos unidos en escucharlo, tal como cuando nuestro cerebro le indica a una parte del cuerpo que funcione. Otras partes que están conectadas entre sí (los nervios) transportan el mensaje al tiempo que otros (los músculos) asisten para llevar a cabo la labor. Todas las partes son importantes.

Como miembro activo de tu iglesia, no eres tan solo un repositorio cristiano, sino más bien un conducto que Él puede usar para bendecir a otros. Estar conectado con la iglesia (en oposición a tan solo asistir a la iglesia) libera al Espíritu Santo para hablar. Durante los más de cuarenta años de nuestra congregación en Dallas, a menudo he oído a miembros compartir cómo Dios les dio dirección, aclaró una decisión, revirtió un curso o confirmó un plan en su vida. En verdad creo que cuando Dios identifica que puede obrar a través de ti para *ser* una bendición, no solo para *recibir* una bendición, es mucho más común que Él te hable y te confíe Su sabiduría e instrucción. Dios puede expandir y ampliar tu vida de muchas maneras si eres un miembro funcional de una iglesia local; una de estas será tu habilidad para escuchar, discernir y confirmar Su voluntad para tu vida.

Un estado continuo de presteza

preparado

GRANDES EXPECTATIVAS

«Dios hablará al corazón de aquellos que se preparen para escuchar; por el contrario, los que no se preparen no podrán escuchar, aunque la Palabra de Dios esté cayendo en Sus oídos externos cada domingo».[1]

—A. W. TOZER

Espero que sigas con hambre (me refiero al hambre espiritual), deseando que no fuera nuestra última semana de estudio, añorando más de la cercanía y conexión que has estado experimentando con Dios durante estas horas que hemos estado sentados al borde de nuestros asientos para escucharlo.

Justo así es como se supone que debes sentirte.

Porque, una vez que escuchas Su voz, las versiones regulares y tediosas del cristianismo jamás volverán a satisfacerte. Querrás mantenerte en una postura espiritual que invite una invasión continua de Su presencia manifiesta. Querrás seguir desenrollando la alfombra roja de la invitación santa. Querrás seguir confirmando de manera proactiva y consistente tu alineamiento con Él, buscándolo de manera continua en Su Palabra (escuchando, mirando, acatando y prestando atención a ella) con tus sentidos espirituales bien afinados para reconocer y discernir cuando Él esté hablando. Cualquier distancia o sequía que amenace la fuente desbordante del Espíritu de Dios en tu vida se sentirá como la peor de las enfermedades de ahora en adelante. Todo lo que querrás hacer es superarla y levantarte para poner manos a la obra de una relación cercana, íntima y activa con Dios.

Así es, de hecho, como comienza una comunicación clara con Dios, cuando un creyente se aproxima a Su relación con Él con una actitud continua de anticipación, de presteza y de expectativa para escuchar Su voz.

Considera tres palabras importantes tomadas de esta última oración.

- Anticipación
- Presteza
- Expectativa

En una o dos oraciones, describe cómo piensas que se vería este tipo de actitud en la vida de un creyente.

> «¿Hasta cuándo, oh Jehová, clamaré, y no oirás; y daré voces a ti a causa de la violencia, y no salvarás? ¿Por qué me haces ver iniquidad, y haces que vea molestia? Destrucción y violencia están delante de mí, y pleito y contienda se levantan».
>
> HABACUC 1:2-3

Ahora, personaliza tu respuesta. ¿De qué maneras demuestras anticipación, presteza y expectativa al escuchar a Dios hablar?

Si es el caso, ¿de qué maneras estás siendo un poco apático, indiferente o desapasionado?

Es nuestra última semana aquí (y la primera semana del resto de nuestra vida). Vamos a invertirla en una creciente anticipación, presteza y expectativa llena de esperanza. Y comencemos reuniéndonos con un viejo amigo llamado:

HABACUC

Sabemos poco sobre Habacuc, además de su complicado nombre y de algunas pocas inferencias que él mismo hace sobre sí en su libro en el Antiguo Testamento. Él fue un profeta al pueblo de Dios que tenía profundas convicciones sobre su fe y una sensibilidad fina sobre las injusticias en su sociedad. Los eruditos sugieren que es posible que haya tenido algún tipo de responsabilidad en el templo como músico, dadas las descripciones musicales que aparecen en el capítulo 3. Al parecer, era un hombre de intereses y talentos diversos. Sin embargo, cuando se abre su libro, está por completo absorto en una intensa preocupación: escuchar a Dios.

Lee Habacuc 1:2-3 en el margen. Describe el tono de la súplica de Habacuc. Anota las palabras clave del pasaje que te llevaron a esta conclusión.

¿Qué te indica esto sobre el estado emocional del profeta en ese momento?

En tus conversaciones más recientes con Dios, ¿qué tono ha predominado? *(Encierra todos los que correspondan)*.

- Gratitud
- Desánimo
- Esperanza
- Remordimiento
- Arrepentimiento
- Gozo
- Meditación
- Otro _____

Las preguntas clave de Habacuc: «Hasta cuándo?» **(V. 2)** y «¿Por qué?» **(V. 3)**, son claros indicadores de los sentimientos de su corazón. ¿No son estas las mismas preguntas que a menudo nos acechan cuando las circunstancias de la vida parecen encerrarnos y dejarnos sin salida detectable? Sobre todo cuando has estado orando por las mismas cosas durante un período prolongado, esperar que Dios dé alguna indicación de que nos ha oído o de que incluso le importa puede volverse desalentador y carecer de esperanza. *¿Por qué? ¿Hasta cuándo?* El silencio divino nos asusta. Nos deja sintiéndonos abatidos. Ignorados. La apatía amenaza con asentarse y volvernos insensibles, amargados y endurecidos. Más que cualquier otra cosa, durante estos tiempos queremos saber *hasta cuándo* debemos seguir clamando a Él y *por qué* está permitiendo las circunstancias que estamos enfrentando.

Piensa en una petición que hayas estado llevando ante el Señor durante mucho tiempo. Tal vez sea el mismo asunto que has estado manteniendo en primer lugar en tu mente durante todo este estudio. Utiliza los siguientes espacios para ayudarte a poner en palabras algunas de tus preguntas que deseas hacerle al Señor en cuanto a esta circunstancia.

¿Hasta cuándo…

¿Por qué…

A la luz de tus preguntas y preocupaciones reales, ¿sigues esperando que Dios te responda y te hable? ¿O has perdido ya la esperanza? Escribe tus pensamientos honestos a continuación.

Si estás sintiéndote un poco cansado y abatido, ¿cómo te ha afectado esta falta de esperanza?:

- En tu relación con Dios

- En tu interés en la oración

- En tu perspectiva sobre otras áreas difíciles de tu vida

- En tu conexión con la iglesia

- En tu sensibilidad espiritual hacia la actividad de Dios a tu alrededor

- En tu sentido de gratitud

¿Qué más añadirías a esta lista?

No sabemos durante cuánto tiempo Habacuc estuvo clamando a Dios. Sin embargo, cuando Dios no parecía estar respondiendo, sabemos esto: Él comenzó a señalar a Dios con un dedo acusador. Comenzó a perder la confianza en que el Señor le contestaría.

Hoy, quiero que veas que Habacuc cuestionó a Dios, como nosotros a menudo también lo hacemos, pero no solo eso. Lo que quiero que veas es que, cuando Dios *sí* le dio una respuesta (comienza en el versículo 5), Él no regañó a este hombre que se atrevió a cuestionar el interés de Dios y Su participación en estas situaciones. Por favor, no dejes que la belleza de la gracia de Dios pase desapercibida aquí. Jehová escuchó las preguntas de Habacuc, pero también las recibió con misericordia y paciencia.

¿Qué tal las preguntas que escribiste cuando te pedí que capturaras tus quejas de «por qué» y «hasta cuándo»? ¡No regreses y las borres por temor a que Dios se ofenda por pensarlas y, peor, por escribirlas! No, Él también ha recibido *tus* preguntas con gracia, incluso aquellas que permanecían escondidas en tu corazón, sin compartir, sin ser expresadas, sin ser escritas. En Su enorme misericordia hacia nosotros, en Su conocimiento de nuestra fragilidad, Él nos permite hacerle preguntas.

Y puede ser que las conteste de maneras aún más grandes y sorprendentes que lo que le hemos pedido.

> Lee Habacuc 1:5 en el margen y subraya los verbos de acción, las acciones que Dios le ordenó a Habacuc que llevara a cabo.

Qué respuesta, ¿no? Dios no estaba distraído por acá, sin prestar atención. ¡Él ya estaba respondiendo! Habacuc era quien no lo había visto porque estaba volteando hacia otro lado.

Una visión más amplia lo cambia todo, ¿no es así? Porque, si estamos mirando, y quiero decir mirando de verdad, veremos los rastros de la mano de Dios a todo nuestro alrededor. Ya está hablando, ya se está moviendo, ya está moldeando las cosas a la manera de Su sabia voluntad y providencia.

«¡Miren entre las naciones! ¡Observen! ¡Asómbrense, quédense atónitos! Porque haré una obra en sus días que ustedes no la creerían si alguien se la contara».
HABACUC 1:5, NBLA

Y lo que fue verdad para Habacuc también lo fue para Ester.

ESTER

Regresaremos mañana a la historia de Habacuc, pero hoy quiero que tomes una vuelta en U en tu Biblia hasta otra porción que resalta el punto que espero dejar claro en tu corazón hoy.

Sospecho que ya conoces mucho de la historia de Ester. Por favor, permanece conmigo a medida que comparto un simple resumen de nuevo y luego te pido que consideres una pequeña parte del relato que se relaciona con lo que estamos hablando.

Este libro de la Biblia es la sorprendente saga de una joven judía que había recibido de Dios una gran belleza. Cuando el rey de Persia organizó un concurso para determinar quién sería su nueva esposa, Ester atrapó su mirada y, por último, su corazón. Sin importar lo que ella deseara, él le ofreció «hasta la mitad del reino» **(EST. 5:3)**.

Cuando fue descubierto un complot para aniquilar a los judíos, Mardoqueo, el primo de Ester, intervino para recordarle la mano providencial del Dios Todopoderoso al darle tal favor con el rey de Persia. Recordarás la famosa frase poética de Mardoqueo: «¿Y quién sabe si para esta hora has llegado al reino?» **(4:14)**.

Y así fue, porque la vida de Mardoqueo, así como la de todo el pueblo judío (incluyendo a Ester) estaba en peligro. Su némesis, Amán, un oficial de alto rango en el palacio (el que había tramado el complot genocida en primer lugar) lo odiaba por su alianza con Jehová y por su negación a inclinarse y rebajarse ante él en público; lo odiaba tanto que a toda prisa edificó una horca con el propósito específico de usarla para colgar a este hombre que lo fastidiaba tanto.

En tanto, de manera extraña, Jehová parecía estar ausente. De hecho, su nombre ni siquiera se menciona en todo el libro. Y, para aquel que tiene una visión espiritual, sus huellas dactilares y su guía providencial se encuentran en todas partes, desde el primer capítulo hasta el último. Un fragmento en particular de esta historia, pienso yo, ilustra mejor esta realidad.

Profundiza en Ester 6, desde el principio, y busca las respuestas a las siguientes preguntas.

1. ¿Qué dificultad tuvo el rey en esta noche en específico (la noche en que Amán elaboró su plan para matar a Mardoqueo)? (v. 1).

2. ¿Qué pidió para remediar su insomnio? (v. 1).

3. ¿Qué descubrió durante su lectura? (v. 2).

4. ¿Cómo respondió a la luz de este nuevo conocimiento? (v. 3).

5. ¿Quién estaba en el patio del rey en ese mismo momento y por qué estaba allí? (v. 4).

6. ¿Qué le pidió el rey que hiciera? (v. 6).

7. Dada la elevada perspectiva que tenía Amán de sí mismo, ¿a quién supuso que se refería el rey? (v. 6).

Esto simplemente me encanta. Observa el hilo de «coincidencias» que atraviesa toda la historia. Para aquel cuya vista es insensible a lo espiritual, estos detalles son solo eventos fortuitos. Son productos del azar. No existe rastro de Dios ni de Su mano, ni siquiera de Su interés en la devastación que estaba por caer sobre Mardoqueo y sobre todo el pueblo judío. Y, sin embargo:

- ¿El rey no puede dormir?

- ¿Se le ocurre buscar algo para leer?

- ¿Se encuentra con un registro de un servicio que Mardoqueo había realizado para él en el pasado?

- ¿Amán se presenta, buscando permiso para matar a Mardoqueo?

- ¿El rey, sin saberlo (de hecho, buscando consejo sobre cómo honrar a Mardoqueo) hace una pregunta que Amán puede malentender con facilidad?

- Y, al responderla de forma errónea, ¿Amán echa a rodar una bola de nieve que termina en su propia muerte y en la exaltación de Mardoqueo y en la salvación de los judíos?

¿En verdad ese tipo de cosas «tan solo suceden»?

Sí, cuando Dios está en la jugada, así como Él lo está contigo ahora mismo, aquí en medio de tus aflicciones, temores y decepciones. Que percibas Su obra o no depende en gran parte de si estás en posición de «mirar, observar, asombrarte y quedarte atónito», de estar a la expectativa con esperanza y ansioso por Él, creyendo que está obrando aun cuando parece distante.

Sí, pregúntale. *¿Hasta cuándo, Señor? ¿Por qué, Señor?* Entonces, pídele de inmediato que te dé visión para reconocer dónde está ya obrando Su mano providencial. Tu problema personal (aunque es importante tan solo por ser tuyo) no es más que una pequeña astilla en el gran panorama de todo lo que Dios está haciendo.

Amplía tu perspectiva y prepárate para asombrarte por lo que ya está haciendo Él.

PACIENCIA, POR FAVOR

«Requiere más fe y devoción para orar, confiar y obedecer cuando Dios está ausente que cuando está presente».[2]

—R. T. KENDALL

La Escritura dibuja una ilustración de la relación con propósito entre Dios y el hombre, una amistad en la que se desarrolla una comunicación de dos vías. Nosotros clamamos, Él escucha. Nosotros clamamos y Él, en Su tiempo, contesta. *No* vemos en ella un patrón de personas que claman a Él y que terminan desesperadas, asumiendo que Dios no les responderá. Más bien, creían que, si buscaban Su dirección, Él se las daría. Ellos buscaban con expectativa y entusiasmo la respuesta.

En la época moderna, el énfasis en la gratificación instantánea ha dejado nuestra fe mermada y anémica. Cualquier suma de tiempo entre nuestras oraciones y la respuesta de Dios nos convierte en escépticos, cuestionadores y temblorosos en nuestro asiento espiritual. Decimos creer que Dios habla, pero en secreto nos desanimamos y dudamos cuando no vemos evidencias inmediatas de Su obra ni escuchamos Su voz lo suficiente rápido para satisfacer nuestro cronograma personal.

Esta podrá ser *nuestra* perspectiva, pero no es la perspectiva *bíblica*.

Mi oración es que, durante estas semanas juntos, nuestro compromiso se haya fortalecido. Estamos determinados a no ser hombres y mujeres débiles y pobres que con facilidad se desaniman o se desvían. Estamos listos para permanecer firmes en nuestra fe, nuestros ojos fijos en el galardón de Su presencia, nuestro corazón rebosante de esperanza y de anticipación por Su promesa a nosotros como Sus hijos. Él está cerca, está presente y ¡habla!

Tal como Él habló a Habacuc… así que regresemos hoy a su ejemplo.

Con una perspectiva renovada de la actividad de Dios alrededor de él, como resultado de la invitación a «mirar» y a «observar», la confianza de Habacuc había sido restaurada y reconstruida. Equipado ahora con la visión necesaria para percibir la manera en que Dios estaba entretejiendo tanto los eventos grandes como los pequeños para formar una respuesta (una respuesta difícil, sí, pero una respuesta después de todo), él quedó seguro de la habilidad de Dios y de Su soberanía a pesar de la continua devastación a su alrededor.

De inmediato, puedes ver la diferencia en el corazón de Habacuc.

Lee Habacuc 1:12-13 en el margen. Compara y contrasta esto con la primera oración que estudiaste ayer. ¿En qué se diferencia el tono de la segunda oración y la primera?

¿Qué es lo que claramente falta en la primera oración que es evidente en la segunda?

Cuando nuestros ojos están abiertos para detectar las huellas dactilares de la providencia de Dios, cuando nuestro corazón recuerda Su cuidado eterno por nosotros, nuestra actitud interna se reprograma y nuestras conversaciones con Él son transformadas. Como con Habacuc, el enfoque, el tono e incluso la intención de nuestras oraciones están más dirigidas en línea con la voluntad de Dios y con Sus prioridades. En lugar de ofrecer una sarta de peticiones que surgen de nuestras decepciones y frustraciones, nos detenemos en Su presencia y *lo vemos a Él*.

De esta manera, orar se vuelve más lo que se supone que debería ser: una llave para abrir el camino del cielo hacia el horizonte de la tierra, en lugar de un ejercicio de manipulación en el que esperamos forzar la mano del Señor para hacer lo que queremos. La oración se vuelve menos sobre lo que *queremos* y más sobre quien *es Él*.

Escucha cómo el autor Timothy Jones describe este hermoso intercambio: «La oración amplía los horizontes de nuestra vista, así como llegar a la cima de un camino en la montaña abre delante de nosotros un panorama sobrecogedor».[3]

Al ampliar nuestro panorama, al escucharlo a Él, Él nos transforma.

La segunda oración de Habacuc fue por completo diferente de la primera. Después de ver sus circunstancias con nuevos ojos, su enfoque cambió. En lugar de ver primero la devastación a su *alrededor*, ahora se enfocó en el Dios que se encontraba *delante* de él. Antes, cuando se sentía abrumado por los *hasta cuándo* y los *por qué*, no había mención en su oración de los atributos de Dios. Sin embargo, ahora desde una nueva perspectiva, con su corazón sensibilizado por lo que había visto de la obra soberana de Dios, su oración resalta el poder de Dios. Ahora ha reformulado su oración de manera que anticipa la intervención divina.

Piensa en la siguiente línea como un continuo que representa el cambio de tono de la primera oración de Habacuc a la segunda. Determina dónde está ubicado tu corazón en este espectro en tu actitud espiritual y perspectiva.

|---|

primera oración (vv. 2-3)
escéptica y acusadora

segunda oración
(vv. 12-13) *expectante y confiada*

Ya que el enfoque de Habacuc hacia Dios ha cambiado, el de Dios hacia Habacuc también cambia. En su primera respuesta (1:5-11), Dios habló de manera primordial para probar que en realidad Él sí tenía un plan para fortalecer la confianza del profeta. Sin embargo, en la segunda ocasión (con el cambio de perspectiva de Habacuc de las dudas y el cinismo hacia la honra y la expectativa) Dios le habló para darle instrucciones y guía reales en cuanto a la situación que tenía delante (2:2-20).

De hecho, la manera en que oramos y la actitud de nuestro corazón mientras lo hacemos son factores clave para recibir guía de parte de Dios.

En el margen, están enumerados algunos atributos clave de Dios mencionados en la segunda oración de Habacuc. Utiliza estas palabras (y otras que te vengan a la mente) para escribir una corta oración donde reenfoques tu atención hacia Dios, hacia Su control de las circunstancias y hacia tu confianza en Su deseo de hablarte a ti al respecto. Escribe tu oración en una hoja aparte o en una tarjeta y colócala en una ubicación estratégica donde puedas verla a menudo y recordar la fidelidad de Dios y Sus buenas intenciones hacia ti. Supera cualquier resistencia interna que sientas. Ora, cree, adora y espera.

- *Eterno*

- *Santo*

- *Roca*

- *Puro*

SOBRE LA FORTALEZA

El tono de la oración de Habacuc no fue lo único que cambió en su actitud hacia la comunicación con Jehová.

> A continuación, copia Habacuc 2:1 palabra por palabra de tu Biblia.

La palabra hebrea para «estaré» es amad. *Significa* «perseverar, permanecer y estar de pie, tanto con el cuerpo como en actitud».[4]

> Dadas las definiciones en el margen, ¿qué otras palabras usarías para describir la actitud de Habacuc al esperar la respuesta de Dios?

La palabra hebrea para «afirmaré el pie» es yatsáb. *Significa* «plantarse firme».[5]

> ¿Cómo se compara esto con tu actitud normal hacia escuchar a Dios?

En los días de Habacuc, un centinela militar minimizaba todas las distracciones para poder concentrarse de lleno en proteger la ciudad de los ejércitos que se le aproximaran. Él se colocaba en lo alto de una torre ubicada de forma estratégica con el propósito de que sus ojos pudieran estar fijos en el horizonte sin que su atención se desviara hacia movimientos en la tierra que pudieran provocarle ansiedad. La meta del centinela era ser el primero en ver al enemigo que se acercaba o al rey que regresaba. Desde esta altura, su punto de vista era amplio y su perspectiva diferente de la de los de abajo. Este era un trabajo importante que requería una atención devota. El guardia no podía permitir que nadie lo apartara de su puesto ni de la ejecución precisa de su labor.

> En el párrafo anterior, subraya los propósitos y los beneficios principales de un centinela en una fortaleza en la estrategia militar.

Habacuc escogió de manera deliberada estos términos militares para describir su actitud al esperar en Dios. Tanto así valoraba la comunicación con Jehová y la virtud espiritual de la paciencia al recibirla. Él tenía un propósito y estaba comprometido, vigilante y tenaz. Él *sabía* que Dios respondería, así que se colocó en una posición proactiva para recibir la respuesta. Hasta ese momento, él esperaría con paciencia en la fortaleza.

¿Cómo se traducen algunas de estas actitudes a tu vida espiritual?

- Estar sobre tu guarda

- Afirmar tu pie sobre la fortaleza *(algunas traducciones dicen* «terraplenes»*)*

- Velar

Nombra algunas maneras específicas y proactivas para incorporar estas actitudes en tu vida durante las siguientes veinticuatro horas.

¿Quién puede ayudarte con rendición de cuentas durante esta actitud de vigilancia espiritual?

Todas estas actitudes son activas. Requieren un compromiso. No son para los perezosos ni para los cobardes.

Tampoco para los *impacientes*.

Siempre estamos dispuestos a esperar por las cosas que son importantes para nosotros. Nos mantenemos junto al teléfono para esperar una llamada si se trata de una oportunidad laboral o de un reporte de la oficina del médico. Esperamos en línea para comprar provisiones indispensables para nuestra familia. Esperamos largos meses para la llegada de un bebé. El valor que colocamos en un objeto o persona dictamina el tiempo y la actitud de vigilancia que estamos dispuestos a tomar al esperar por ello.

Habacuc no se dejaba amedrentar. Él simplemente esperaba en Dios; su actitud era militar, su postura fuerte y su compromiso seguro. Él determinó no dar un paso hasta haber recibido instrucciones divinas. Si valoramos la voz de Dios como lo hizo Habacuc, debemos estar dispuestos a esperar por ella, *con paciencia*, a confiar en Sus tiempos soberanos, a mantenernos firmes hasta haberla recibido.

Esta virtud de la paciencia sería tan crítica para Habacuc que Dios acompañó Su instrucción con las palabras registradas en Habacuc 2:3 (en el margen). Fue una fuerte lección para Habacuc sobre la importancia de ser pacientes al llevar a cabo el plan de Dios y lo animó a descansar en la soberanía de Dios.

Dios animó a Habacuc a ser paciente y le aseguró cuatro promesas específicas sobre la visión que estaba por revelarle. Subráyalas en el margen y, luego, vuelve a escribirlas en tus propias palabras a continuación.

1. El tiempo está _____.

2. Aunque tarde, _____.

3. Ciertamente _____.

4. No _____.

«Porque es aún visión para el tiempo señalado; se apresura hacia el fin y no defraudará. Aunque tarde, espérala; porque ciertamente vendrá, no tardará».

HABACUC 2:3, NBLA

¡Haz tuyas estas verdades! Un gran alivio les espera a los que se mantienen firmes en las promesas de este versículo. El plan de Dios para ti sucederá en el tiempo señalado. Él mismo se asegurará de ello. Descansa y confía. Deja de luchar y conoce que Él es Dios (Sal. 46:10). Libérate de la carga de intentar hacer que las cosas sucedan y confía en que tu Dios te ama y en que cumplirá Su promesa para tu vida.

ESCUCHA

«Las cosas no cambian cuando yo le hablo a Dios; las cosas cambian cuando Él me habla a mí».[6]

—BOB SORGE

Estoy envejeciendo.

Y eso está bien. No estoy en contra de ello; solo estoy consciente.

A medida que pasan los años, estoy cambiando en más maneras de las que puedo contar, en todos los aspectos de mi vida, tanto físico, emocional como mental. Estoy disfrutando la mayor parte de esos cambios. Algunos de ellos (como el dolor en las articulaciones) me parecen un poco molestos.

Sin embargo, una de las transformaciones más claras que veo en mí misma es una creciente atracción hacia la *simplicidad*. Cualquier oportunidad que encuentro para minimizar algún asunto complicado o reducir nuestro inventario físico de artículos coleccionados, la tomo. Ya sea al limpiar un clóset o simplemente al resistir el impulso por llenar cada centímetro cuadrado de margen en mi calendario, puedo casi sentir un peso literal levantarse de mis hombros. Donde alguna vez busqué llenura, ahora valoro la vaciedad. Silencio, soledad y sencillez; añoro estas cosas de maneras que nunca hice durante mis años de más joven.

Lo mismo sucede cuando se trata de las palabras. Estoy descubriendo que menos es mejor. Nunca he sido una persona tímida (nunca fui una de esas personas que no puede pensar en algo más que decir) y, te aseguro que sigo siendo extrovertida. Me encanta una buena conversación. Sin embargo, a diferencia de otras temporadas de mi vida, he comenzado a valorar el escuchar. Quiero decir, *escuchar de verdad*. Estoy reconociendo cuán grande es este regalo para la persona que está hablando. Y, aún más, estoy descubriendo la bendición de ser un oyente, porque el silencio crea el margen en el que otros pueden hablar a *mi* vida para ofrecer sabiduría, consuelo, entendimiento y

«No te des prisa con tu boca, ni tu corazón se apresure a proferir palabra delante de Dios; porque Dios está en el cielo, y tú sobre la tierra; por tanto, sean pocas tus palabras».

ECLESIASTÉS 5:2

toda clase de información útil que en verdad necesito escuchar. Sin embargo, no podría *escuchar* si no prestara atención.

Los profetas del Antiguo Testamento tuvieron experiencias únicas, pero ver a Habacuc subir hasta la cima de esa fortaleza para encontrar el silencio y la soledad que necesitaba para esperar la palabra de Dios me parece a mí un momento de gran ternura en la Escritura. Me recuerda cuán difícil es encontrar estos tesoros, el *silencio* y la *soledad*, tanto entonces como ahora. En realidad, es imposible, a menos que hagamos en ocasiones lo que hizo el profeta: subir y alejarnos de los frenéticos ritmos de la vida y crear el espacio y el margen para que Dios intervenga con Sus pensamientos y planes. La práctica de tan solo estar *quietos* está ya casi perdida. Y estamos pagando el precio por ello, no solo en cuerpos fatigados y poco sanos, sino también en espíritus encogidos, hambrientos y agotados.

Estos son los duros resultados de no *prestar atención* a la voz de Dios.

> La Escritura repite el patrón de Dios llamando a Su pueblo de la acción constante a una actitud proactiva de quietud. Encierra la frase en Habacuc 2:20 (en el margen) que revela la *razón* para el silencio y, luego, dibuja un rectángulo alrededor de las frases en Salmos 46:10 e Isaías 30:15 que explican el *resultado* del silencio.
>
> ¿Qué otros resultados nos negamos a nosotros mismos cuando rechazamos los momentos de silencio y de quietud en nuestra vida?

¿Puede ser que no estemos escuchando tanto a Dios hoy porque nos hemos entrenado a nosotros mismos a *no* escucharlo? No solo hemos sucumbido ante nuestro ocupado estilo de vida (incluso hemos deseado uno así), sino que también hemos aprendido a interpretar cualquier espacio intermedio de silencio como un detonante para alimentar aún más nuestra hambre de actividades: revisar nuestro teléfono, buscar las noticias del día, ponernos al día, ver quién más quiere estar con nosotros… cuando, sí, *Dios* quiere estar con nosotros, quiere sentarse con nosotros y quiere hablar con nosotros.

«Jehová está en su santo templo; calle delante de él toda la tierra».
HABACUC 2:20

«Estad quietos, y conoced que yo soy Dios».
SALMOS 46:10

«Porque así dijo Jehová el Señor, el Santo de Israel: En descanso y en reposo seréis salvos; en quietud y en confianza será vuestra fortaleza».
ISAÍAS 30:15

Si hoy estás sintiendo el ajetreo y el estrés de todo, si estás sintiendo que tu fuerza, tu paz y tu atención tan solo se van mermando en la locura de múltiples tareas distractoras, es tiempo que escuches esto: Ninguna de esas cosas preciosas regresará a ti si no escuchas a Dios. Ninguno de nosotros escuchará a Dios de manera constante y continua hasta que limpiemos de manera deliberada y consciente toda la maraña, hasta crear el margen y sintonizar nuestra atención hacia adentro para escuchar lo que el Espíritu Santo está diciendo.

Sin embargo, existe un camino para regresar a donde tú y yo queremos estar. Podemos revertir y retomar las cosas que han sofocado la voz de Dios, apagándola hasta el punto en que ya ni siquiera la reconocemos más. Debemos apartar tiempos con el propósito de poner atención a Su voz mediante 1) orar, 2) meditar sobre Su Palabra y 3) pasar tiempo de adoración en Su presencia.

Debo apartar tiempos con el propósito de poner atención a la voz de Dios mediante _____, _____ sobre Su Palabra y _____ _____ ___ _____ ____ ____ _____.

ORACIÓN

Durante la mayor parte de mi vida cristiana, me levantaba de mi tiempo de oración sintiendo que había participado en una conversación de una sola dirección y que no había recibido respuesta alguna. La oración era un ejercicio ocupado lleno de mis propios intereses y deseos personales. Sin embargo, yo sabía que debía haber más. Anhelaba con desesperación un encuentro real con Dios. Creía que Él quería más de mi vida de oración con Él y yo también. Entonces fue que comencé a tomar en serio el arte de escuchar, de tomar la oración como algo más sobre Dios y menos sobre mí.

Escuchar a Dios en oración implica tu participación entera. Debes incluir tu cuerpo, tu mente y tu espíritu. En su libro *Listening to God* [Presta atención a Dios], Joyce Huggett describe cómo ella cierra sus ojos «para dejar afuera cualquier estímulo visual», cómo cierra sus oídos para «tratar con autoridad» a las distracciones y cómo cierra «una serie de persianas a nivel superficial en mi vida para hacer a un lado cualquier barrera para escuchar la voz apacible y delicada de Dios».[7]

Enumera los «estímulos visuales» que normalmente te distraen de conectarte con Dios. Luego, regresa y enumera algunos de los esfuerzos conscientes que puedes tomar para eliminar esas distracciones. *(Utiliza una hoja de papel aparte si necesitas más espacio).*

¿Qué piensas que significa «tratar con autoridad a las distracciones»?

En 1 Corintios 14:15, el apóstol Pablo dijo que él oraba con el entendimiento y también con el espíritu. Este primer tipo de oración (orar con la mente) es lo que yo hago más a menudo. Avanzo por mi lista de oración. Pido perdón por mis pecados. Le doy gracias por cosas específicas. Llevo ante Él las necesidades donde deseo que intervenga. Intercedo a favor de otros. Todos estos son aspectos buenos, apropiados e importantes de la oración.

Sin embargo, en lugar de levantarme y de irme después de cubrir todos los puntos de mi lista de oración, he aprendido a esperar. A poner mi mente en quietud. A abrir un tiempo de oración guiado por el Espíritu. Esta oración le da al Espíritu Santo (no solo a mí) la oportunidad de dirigir mi tiempo de oración.

Lee 1 Corintios 2:10-12 en tu Biblia. Según este pasaje, ¿por qué necesitamos conectarnos con el Espíritu durante la oración? Escribe tu respuesta en el margen.

El Espíritu conoce los pensamientos de Dios y puede expresarlos a medida que me guía en oración. Cuando me embarco en esta travesía durante mi tiempo de oración, concentro mis pensamientos por completo en Él, en lo que Él quiere decirme.

A menudo, Él trae a mi mente personas o situaciones en las que por lo general no pienso y yo convierto esos pensamientos en oración. Él me puede recordar pecados de los que ni siquiera me había dado cuenta o que había olvidado, y yo convierto esos pensamientos en oración. Él me trae a la mente algún versículo específico o me dirige a adorarlo por alguna característica o atributo específico de Dios, y yo convierto todo eso en oración.

«Oraré con el espíritu [dijo Pablo] pero oraré también con el entendimiento» **(1 COR. 14:15)**. Y, al hacerlo, de verdad comenzaremos a escuchar a Dios.

MEDITACIÓN

Algunos de mis tiempos más preciosos con Dios no han venido durante experiencias de adoración colectiva (aunque son en verdad importantes), sino durante tiempos de meditación personal. Cuando digo *meditación*, no me refiero a esos ejercicios místicos y egocéntricos diseñados para poner la mente en blanco (para dejar que quién sabe qué cosa la llene). En cambio, estoy hablando de estar en silencio ante el Dios vivo y verdadero, meditando sobre Él como Su propia Palabra llama a los creyentes a hacer.

> «Alzaré asimismo mis manos a tus mandamientos que amé, y meditaré en tus estatutos».
> **SALMOS 119:48**

Mi Biblia y mi diario son mis únicos compañeros durante esos momentos. Por lo general, solo me siento en quietud ante Su presencia, a veces en silencio, a veces con un versículo específico en mi mente, pero no con la finalidad de orar; sino tan solo para escuchar.

La meditación es una disciplina porque requiere que controle mi propio deseo de llenar el silencio con actividad. Nada más me siento, pienso y reflexiono. Puedo concentrarme en la Escritura, en la bondad de Dios hacia mí o concentrarme en la bondad de Dios mismo, en general.

> «Se anticiparon mis ojos a las vigilias de la noche, para meditar en tus mandatos».
> **SALMOS 119:148**

De manera peculiar, anoto pensamientos que el Espíritu Santo trae a mi mente porque quiero dejar por escrito cualquier mensaje que perciba que el Señor me está guiando a escuchar de Él en Su Palabra. Si mi lista de tareas comienza a entrometerse y me tienta a desviar mi atención, «trato con autoridad» a la distracción y escribo una nota en el margen de mi diario o en mi teléfono celular para no olvidarla. Luego, regreso de inmediato a la tarea mucho más importante de escuchar a Dios, porque para eso vine: para meditar solo sobre Él y sobre Su Palabra.

Detente ahora para un corto tiempo de meditación. Ve a Isaías 50:4-5, léelo sin prisa y aplícalo a tu vida. Coloca tu nombre en el versículo a medida que lo lees y anota en tu diario o en una hoja aparte cualquier pensamiento que el Señor trae a tu mente en este tiempo. Trata «con autoridad» a cualquier distracción.

ADORACIÓN

La meditación a menudo conduce a una adoración espontánea. O puede *comenzar* con adoración. La música que honra y que resalta los atributos de Dios puede ser de ayuda para las experiencias de adoración más maravillosas y personales. A menudo, la utilizo de fondo para mi tiempo con Dios. A medida que la música habla de Sus atributos, yo medito en las letras y les permito guiarme en mi adoración personal. La música me envuelve. Me siento tanto abrumada como animada por la consciencia de Su presencia.

Mientras lo hago, comienzo a escuchar a Dios, no siempre con instrucciones específicas, sino con un sentir de que Su presencia me guía, me dirige y me busca de todo corazón. Él me muestra cómo quiere ser adorado y cómo debo pasar mi tiempo con Él. Percibo que está conmigo, cerca de mí, a medida que las palabras del pasaje sobre el que estoy meditando cobran vida en alabanza. Me siento asombrada por Su poder y consolada por Su constante fidelidad, sintiéndome honrada más allá de las palabras por ser llamada Su hija.

Así es como a menudo oro, medito y adoro.

Al compartir estos detalles contigo sobre mi tiempo a solas con Dios, no pretendo indicar una fórmula que debes seguir. No es un programa de «talla única». La experiencia es diferente para cada persona. ¡Y así debería ser! Así como la intimidad entre el esposo y la esposa no necesita ser planeada de antemano hasta el último detalle, tampoco tiene que serlo tu tiempo íntimo con el Señor. Él quiere tratar contigo como un individuo. Sin embargo, sí oro para que algunas de estas observaciones te ofrezcan un mapa alentador para que desarrolles una relación bipartita con Dios que se vuelva una pieza fundamental de tu vida, hasta mucho después que hayas terminado este estudio.

Al escuchar a Dios en oración, en la meditación y en la adoración, el Espíritu Santo comenzará a hablarte y a revelarte la palabra personal y oportuna de Dios para tu vida.

DE REGRESO A LA OBEDIENCIA

«Las personas no gravitan hacia la santidad. Sin esfuerzos motivados por la gracia, las personas no se mueven hacia la piedad, la oración, la obediencia a la Escritura, la fe y el deleite en el Señor. Gravitamos hacia la transigencia y lo llamamos tolerancia; gravitamos hacia la desobediencia y lo llamamos libertad; gravitamos hacia la superstición y lo llamamos fe. Valoramos la indisciplina de un autocontrol perdido y lo llamamos relajación; vagamos hacia la falta de oración y nos engañamos a nosotros mismos hasta pensar que hemos escapado al legalismo; nos deslizamos hacia la impiedad y nos convencemos de que hemos sido liberados».[8]

—D. A. CARSON

Hoy cerramos el círculo y terminamos en el lugar exacto donde comenzamos cuando nos aventuramos juntos a este estudio. Es adecuado e importante que terminemos aquí otra vez. En la *obediencia*. No solo es la llave que abre la puerta de la comunicación con Dios, sino también es el tope con el que mantenemos la puerta bien abierta hacia los espacios vastos y abundantes de una relación vibrante con nuestro Padre celestial. La obediencia no es solo la actitud proactiva que tomamos para escucharlo, sino que también es la respuesta que empleamos una vez que ha hablado. De hecho, ninguna otra respuesta es apropiada.

Obediencia. Siempre.

La obediencia no es solo la _____ _____ que tomamos para escucharlo, sino que también es la _____ que empleamos una vez que ha hablado.

Nombra una cosa que hayas percibido que Dios te esté pidiendo que hagas desde que comenzaste este estudio y que has obedecido de inmediato y por completo. ¿Cuál ha sido el resultado de tu obediencia?

¿O, tal vez, el Espíritu de Dios te ha convencido de responder a Su voz durante el tiempo que hemos estado estudiando y *no* has obedecido? ¿Por qué no lo has hecho? ¿Cuál ha sido el resultado de tu desobediencia?

La obediencia, como todos lo sabemos (demasiado bien), sigue siendo difícil de lograr. Es difícil ser motivado a ella. Sin embargo, Dios, que no se sorprende por nuestra resistencia natural a negarnos a nosotros mismos y a seguirlo, está comprometido con ayudarnos a llegar ahí. Él nos quiere «de limpio corazón» para que podamos verlo (MAT. 5:8), y escucharlo y ser guiados por Él hacia ese lugar donde podemos ser participantes activos de Su plan para nuestros tiempos, planes que nos incluyen a ti y a mí, así como un mundo de oportunidades para que le sirvamos juntos.

Si de verdad queremos ir a ese lugar con Él, si de verdad queremos hacerlo en obediencia, nos someteremos a Sus métodos amorosos para mostrarnos el camino. Y, para esto, podemos aprender otra lección de Habacuc.

SIN IMPORTAR LAS CONSECUENCIAS

Habacuc ya nos había probado su pasión por escuchar a Dios. Inclusive, lo hemos visto ascender a la cima de la fortaleza para asegurarse de estar en la mejor posición posible para vigilar y escuchar. Él fue intencional; eso es seguro.

No obstante, eso no es todo. Él estaba preparado para lo que Dios le diría. Él no solo quería las buenas noticias; él quería las malas noticias y las feas también. Él quería la verdad. Él lo quería todo, sin importar el precio y lo difícil que podría ser escucharlo.

«Estaré en mi puesto de guardia, y sobre la fortaleza me pondré; velaré para ver lo que Él me dice, y qué he de responder cuando sea reprendido».
HABACUC 2:1, LBLA.

El diccionario Strong define la palabra reprendido en Habacuc 2:1 como «regañar, corregir, reprobar, refutar, disciplinar».[9]

Dada la definición en el margen, ¿qué implica la elección de palabras de Habacuc sobre el tipo de respuesta que esperaba de Dios?

Subraya la sección del versículo que muestra que Habacuc ya estaba anticipando su respuesta a la Palabra de Dios.

Cuando anticipas este tipo de sentimiento de parte del Espíritu de Dios con respecto a algún área en tu vida, ¿cómo afecta tu relación con Él y tus planes en cuanto a tu respuesta hacia Él?

La mayoría de los estudiosos concuerdan en que la palabra hebrea que se traduce como «reprender» en Habacuc 2:1 es más fuerte que la palabra «queja» que aparece en muchas otras traducciones de la Escritura. El profeta estaba anticipando ser corregido. Él sospechaba que la respuesta de Dios no sería fácil de digerir. Él no estaba buscando cumplidos. Creía que vendrían palabras duras.

Y, sin embargo, a pesar de estar bastante seguro de que él y su pueblo serían llamados a comparecer por ofensas serias contra el carácter de Dios, Él se afirmó en la fortaleza para esperar, observar y prepararse para obedecer lo que Dios le diría. Él no quería evitar a su Padre. Para él, incluso una reprimenda sería mejor que el silencio.

De pequeña, cuando sabía que papá o mamá me regañarían por alguna mala decisión o comportamiento, los evitaba a toda costa. De pronto, estaba demasiado ocupada haciendo las cosas que *me encantaba* hacer… ya sabes, limpiar mi cuarto o practicar el piano; estaba demasiado ocupada con mis preciosos deberes como para estar en su presencia. En realidad, no quería escuchar lo que ellos tenían para decirme, ni deseaba las consecuencias que surgirían de esa conversación. Así que me mantenía al margen, a una distancia segura. Para que nadie se diera cuenta.

Yo también he hecho lo mismo con Dios. No puedo decirte cuántas veces me he acercado de puntillas a Su presencia o he intentado evitarlo por completo por estar albergando preocupaciones secretas de que Su respuesta sería algo que no quiero escuchar. Ya sea que sospechara que Él me pediría que hiciera algo que no quería hacer o que *no* hiciera algo que *sí* quería hacer, no siempre he mostrado esa disposición para mantenerme al alcance del oído. Las noticias incómodas en rara ocasión son las más bienvenidas.

En cambio, cuando la obediencia está en la línea, y cuando al final has sufrido suficientes problemas por culpa de tus propios deseos y agendas, la narrativa cambia. Y, como Habacuc, te encuentras en esa torre de vigía y dices: *Adelante, Señor, hagamos esto a Tu manera. Háblame de manera directa ahora, porque de aquí en adelante quiero caminar en el camino derecho contigo.*

¿Cómo respondes a menudo a la voz de Dios cuanto te está diciendo algo que no quieres escuchar? *Clasifica tus respuestas de la 1 a la 4, donde 1 es la respuesta que con más frecuencia utilizas y 4 la menos frecuente.*

_____ Ignorarla (actuar como si nunca la hubiera escuchado)

_____ Considerarla (sopesar mis otras opciones y buscar opiniones)

_____ Obedecerla (seguir Sus instrucciones sin importar mis sentimientos)

_____ Seguir orando (esperar que Dios cambie Su respuesta)

Lee los pasajes a continuación y une con una línea la respuesta de Dios hacia la desobediencia.

Jeremías 6:6-19   Envió una hambruna de Su Palabra

Amós 8:9-11   Se rehusó a escuchar

Zacarías 7:12-13   Trajo desastre sobre el pueblo

¿De alguna manera has visto resultados catastróficos como este en tu propia experiencia de vida o en la vida de otro por rehusarse a obedecer a Dios?

Admito que muchas veces, cuando mi compromiso fue probado, fallé de manera lamentable. Aún sigo cediendo en ciertas áreas de ego-centrismo y de orgullo, de temor y de intimidación (con demasiada facilidad y frecuencia), en lugar de llevar a cabo una obediencia llena de fe. El Espíritu de Dios a menudo me ha dado convicciones que no he sido rápida en seguir; en ocasiones, es cuando he permitido que mi mente razone hasta alejarme de la obediencia.

Estoy agradecida por Su misericordia y paciencia. La necesito.

Ah, Señor Jesús, todos la necesitamos.

Estoy aprendiendo que el crecimiento en esta área no sucede por azar. Solo viene al establecer mi propio compromiso con Él antes de Su instrucción para estar menos propensa a terminar atrapada por mis propios caprichos. Necesito una actitud interna preestablecida de sumisión al Espíritu de Dios, un «Sí, Señor» de antemano en mis labios, si quiero prepararme para las acciones necesarias para honrarlo día tras día.

> «Mientras callé, se envejecieron mis huesos en mi gemir todo el día. Porque de día y de noche se agravó sobre mí tu mano; se volvió mi verdor en sequedades de verano».
> **SALMOS 32:3-4**

Observa los versículos de Salmos 32 en el margen. ¿Cómo le afectó la desobediencia a David, el escritor de este salmo, según lo que escribió?

Busca este salmo y lee el resto. ¿Qué bendiciones y experiencias de alivio descubrió David cuando respondió con obediencia y arrepentimiento?

Las bendiciones de ser proactivo conducen a una intimidad continua con Dios, a un derramamiento de Sus bendiciones y favor en nuestra vida. Ah, permíteme decírtelo: la obediencia vale la pena.

En cada ocasión.

¿ESCUCHAS LO QUE YO ESCUCHO?

A decir verdad, te veo a ti en Habacuc. No existen muchos creyentes que pasarían un mes y medio entero de su vida dedicado a la tarea de explorar este tema: *Escucha la voz de Dios*. Tu perseverancia es admirable, prueba de la seriedad con que tomas este aspecto de tu relación con Él, de cuánta hambre tienes de escucharlo.

Sí que asumiré que deseas lo mismo que yo. Creo que quieres asegurarte de que esta puerta de comunicación entre tú y Dios permanezca abierta de par en par, que las líneas de comunicación estén libres de cualquier impedimento que estorbe el tipo de relación para la que fuiste creado para experimentar con Él. Sin embargo, la verdadera bendición no solo se encuentra en *escuchar* la voz de Dios, sino en *obedecerla*. Cuando obedeces, sin importar qué tan inusuales o indeseadas sean Sus instrucciones, estás creando un fundamento sólido donde Él puede desplegar Su actividad sobrenatural en tu vida.

Amigo mío, Él te honrará por subir hasta la cima de esa fortaleza.

EL QUINTO DÍA

Voy a echar de menos esto. Escribirte. Compartir contigo.

Sin embargo, algo que me mantendrá en verdad animada a medida que nos separamos por ahora es saber que, mientras yo estoy acá continuando con mi aprendizaje y creciendo en esta disciplina de escuchar la voz de Dios, tú también estarás allá, con tu corazón y tu Biblia abiertas, con tu voluntad sometida y dirigida hacia la obediencia… prestando atención.

Así que, ¿te importaría permanecer conmigo un momento más a medida que practicamos juntos algunos consejos para prestar atención?

Creo que todos conocemos la diferencia entre atención pasiva y activa. Atención pasiva es cuando alguien te habla, lo escuchas, ves que sus labios se mueven, pero en realidad no estás digiriendo ni asimilando lo que está diciendo. Por supuesto, no es lo mejor escuchar a Dios de esta manera, con atención distraída y sin interés. Es cierto que Él puede hacer que Su voz, la convicción de Su Espíritu o incluso una impresión arraigada nos golpee con toda Su fuerza si así Él lo decide, sin importar qué tan fuerte sea el volumen de nuestros alrededores. Sin embargo, la mejor manera de ajustar nuestros oídos espirituales para escucharlo no es haciendo quince cosas a la vez. Si pensamos que podemos pasar noche tras noche mirando televisión, navegando como robots por el internet, manteniendo nuestra capacidad mental saturada por otros intereses, cargando nuestra alma con asuntos terrenales… y aun así escuchar a Dios con claridad a través de una atención pasiva, no estamos viviendo en la realidad. Posicionarnos para escuchar al Señor significa enfatizar nuestro tiempo de oración con el anticuado arte del silencio, con volver nuestra atención hacia adentro para detectar el movimiento del Espíritu de Dios, con mirar atentos a la Palabra y con amar lo que manifiesta más de lo que amamos lo que cualquier otra persona o cosa nos expresa.

> ¿Qué actividades evitan más a menudo que tengas oportunidades para estar quieto delante de Dios?

¿Qué tipo de respuestas emocionales te provoca pensar en la quietud o en la soledad?

☐ Inquietud
☐ Ansiedad
☐ Aburrimiento
☐ Calma
☐ Otros _____ _____ _____

En caso de que pienses que lo que estoy sugiriendo es del todo imposible en tu dinámica diaria y la temporada de tu vida, escúchame: aun así puedes prestar *atención activa* a la voz de Dios, inclusive en medio de las demandas ocupadas, inevitables e importantes de tu rutina diaria. No necesitamos ser ermitaños ni monjes para poder recibir las instrucciones de Dios.

He estado aprendiendo a observar y a prestar atención a Él mientras hago toda clase de tareas rutinarias. Con frecuencia, le pido que afine mis sentidos espirituales para poder detectarlo dondequiera que se esté moviendo o hablando. En una conversación con un desconocido, mientras juego con mis hijos, mientras lavo los platos sucios, mientras planeo un evento, *Dios está allí*. Si le pido que se revele, Él lo hará (si lo desea) por medio de tenues susurros, de confirmaciones, de retrasos divinos, de ecos celestiales que corroboran lo que Él ya me está diciendo en Su Palabra y a través de Su Espíritu.

Haz una lista de tareas diarias que estarás realizando hoy o mañana. ¿Cómo puedes convertirlas en oportunidades para prestar atención activa a la voz de Dios? *(Utiliza la siguiente tabla o puede que requieras una hoja aparte para este ejercicio).*

TAREA	CÓMO PUEDO PRESTAR ATENCIÓN ACTIVA

Lo que hayas leído en tu tiempo devocional hoy o lo que hayas escuchado de tu pastor el domingo pasado no está desconectado de lo que sucede en una mañana, tarde o noche cotidiana. Si lo consideras durante el día, aún si es un día ocupado, Él lo entretejerá de tal manera que puedas conocer Su voluntad y Sus caminos… siempre y cuando estés prestando atención activa.

Me encanta saber que estaremos haciendo esto juntos, hoy, mañana y hasta que lo veamos cara a cara, sin que nada se vuelva a interponer entre nosotros y Su presencia, sin que nada se vuelva a interponer entre nosotros y… sí, el sonido de…

Su voz.

UN ESTADO CONTINUO DE PRESTEZA

RESUMEN

UNA VEZ QUE HAS TERMINADO TU ESTUDIO DE LA SEMANA, COMPLETA LAS FRASES A CONTINUACIÓN Y REFLEXIONA SOBRE CADA UNA DE ELLAS.

- *Lo más importante es nuestra _____ con Jesucristo.*

- *«Mis _____ oyen mi voz, y yo las _____, y me _____» (Juan 10:27).*

- *Al ampliar nuestro _____, al escucharlo a Él, Él nos _____.*

- *«Así que ya no sois _____ ni advenedizos [exiliados, migrantes y foráneos, excluidos de los derechos del ciudadano], sino _____ de los santos [pueblo de Dios, consagrados y apartados para Él], y miembros de la _____ de Dios» (Ef. 2:19).*

- *El plan de Dios para ti sucederá en el tiempo _____. Él mismo se asegurará de ello. _____ y _____.*

- *Debo apartar tiempos con el propósito de poner atención a la voz de Dios mediante _____, _____ sobre Su Palabra y pasar tiempo de _____ en Su presencia.*

- *La verdadera bendición no solo se encuentra en _____ la voz de Dios, sino en _____.*

«Cuando yo hablo, nada sucede; cuando Dios habla, el universo nace».[10]
—BOB SORGE

LA ATMÓSFERA CORRECTA
por el doctor Tony Evans

Hace algún tiempo, un olor repugnante comenzó a llenar nuestro centro educativo, el edificio más grande y costoso del campus de nuestra iglesia. Gastamos miles de dólares intentando identificar y corregir el problema, pero sin éxito. Como resultado, las personas evitaban entrar al edificio porque la atmósfera no era adecuada para ninguna actividad útil.

Un día, un miembro de nuestro equipo de limpieza se dio cuenta de que los extractores en el techo de los baños estaban colocados al revés. En lugar de extraer el olor y retirarlo, estaban empujándolo de vuelta hacia adentro. Una simple inversión de dirección hizo toda la diferencia.

La atmósfera importa. No es probable que comas en un restaurante insalubre, sin importar qué tan bien sepa la comida. Si tienen mal servicio al cliente en una tienda, irás a otra, aunque esté más lejos. Todo porque la atmósfera importa.

Lo mismo es cierto cuando se trata de escuchar la voz de Dios. El Espíritu debe sentirse bienvenido en la vida de los que desean tener comunión con Él. Por esto, Pablo nos exhorta a permitir que Cristo «more» en nuestro corazón **(EF. 3:17)**, que haga Su hogar allí. También por eso exhorta a los creyentes: «Orad sin cesar» **(1 TES. 5:17)** y a mantenerse en constante estado atmosférico de comunicación con Él en cada aspecto de su vida. Por eso, Jesús declara: «yo estoy a la puerta y llamo» **(APOC. 3:20)**, porque espera que nosotros le abramos la puerta para que podamos tener una relación íntima.

Dios no se comunicará en una atmósfera de conflicto; por eso, las oraciones de los esposos no son escuchadas cuando están en desacuerdo con su esposa (1 Ped. 3:7) y una pareja puede prepararse para escuchar Su voz cuando están en unidad (1 Cor. 7:5). La atmósfera importa.

Él no se comunicará en una atmósfera de maldad o de injusticia, ya que el pecado estorba el compañerismo. Como escribió Isaías: «He aquí que no se ha acortado la mano de Jehová para salvar, ni se ha agravado su oído para oír; pero vuestras iniquidades han hecho división entre vosotros y vuestro Dios, y vuestros pecados han hecho ocultar de vosotros su rostro para no oír» **(ISA. 59:1-2)**. Solo cuando buscamos de manera apasionada una relación con Él, nos arrepentimos de nuestros pecados, promovemos la unidad y no la desunión… solo entonces crearemos una atmósfera adecuada para que Dios nos manifieste Su voluntad de manera personal.

La pregunta es solo esta: *¿Qué tanto la quieres?* Cuando vuelves el escuchar Su voz el objetivo principal de tu vida, puedes esperar escucharlo con más claridad que nunca.

Edifica una pista de aterrizaje para la gloria de Dios y Su reino y podrás verlo como nunca. Lo escucharás como nunca lo habías escuchado. Lo conocerás y serás conocido por Él como nunca. Recuerda: la atmósfera importa.

Habla, Señor

EPÍLOGO

Cierto día estaba revisando un álbum de fotos y me di cuenta de algo: casi nunca notamos cuánto han cambiado nuestros hijos hasta que vemos fotos antiguas de ellos. Al ver sus fotografías o videos nos damos cuenta de que su estatura y sus voces también han cambiado; y no solo eso, los cambios se observan en el escenario y la moda. Las cosas cambian; unas vienen y otras van. Sin embargo, hay cosas que nunca cambian.

De vez en cuando tenemos que recordar la intemporalidad de nuestro Dios, lo eterno que es el hecho de que no importa lo que tengamos, lo que llevemos, lo que digamos, las tendencias que van y vienen en nuestra sociedad, sin importar lo transitorias que sean esas cosas, nuestro Dios es el mismo ayer, hoy y siempre; Él nunca cambia.

Recordemos asimismo que tenemos la seguridad de la bendición de nuestro gran Dios o la victoria en Jesús nuestro Salvador para siempre. Él nos buscó y nos compró con Su amor redentor, Su poder y Su gracia. Esto, al igual que nuestro Dios, es intemporal y eterno.

Sin embargo, en nuestro breve caminar por esta vida hay cosas que son importantes.

La oración es una de ellas. La oración sigue siendo relevante, al igual que la quietud y el silencio. El tiempo dedicado a la Palabra de Dios sigue siendo la única manera de renovar nuestra mente. La fe siempre ha sido y seguirá siendo el escudo que apaga los misiles de fuego del mal. Jesús sigue siendo el único mediador entre Dios y el hombre. Siempre lo ha sido y siempre lo será. Él es el único camino, la verdad y la vida.

La obediencia sigue siendo importante. La santidad sigue siendo esencial cuando nuestro Dios habla. Él no habla para ser escuchado; habla para ser obedecido. La obediencia no solo es la única respuesta apropiada para escuchar a Dios, sino que también es la llave que abre todas las bendiciones que Dios tiene para nosotros. La obediencia abre la línea de comunicación entre nosotros y Él, en primer lugar. Es el corazón rendido que despliega la alfombra roja para que el Espíritu de Dios se dé a conocer.

Para nosotros, la obediencia no es solo la forma de terminar un estudio bíblico sobre cómo escuchar a Dios. La obediencia es la manera de empezar. Así que, si aún no lo has hecho, analiza tu corazón ahora mismo e intenta determinar si realmente quieres escuchar a Dios y luego toma la decisión consciente de poner tu corazón en un estado de obediencia permanente al Señor.

Recuerda que la voz de Dios no siempre suena en un acto sobrenatural; más bien, lo sobrenatural está ligado a lo simple, lo ordinario es el disfraz de lo divino. Tal vez siempre estamos buscando que las palomas desciendan, que aparezcan los truenos y los relámpagos, que se den los milagros, las señales y las maravillas.

Dios hace todas esas cosas, pero la mayoría de las veces nos habla en la quietud de la mañana, en la salida del sol sobre el horizonte, en las olas que surgen del océano sobre la playa, en tus vacaciones familiares, en el susurro de un niño. Él habla en el cálido aliento en tu cara en esas primeras horas de la mañana cuando estás acurrucado con tu familia en la cama, a través de la palabra de un extraño que dice algo o de una canción que se canta en la iglesia o en un lugar sagrado cuando estamos justo en la presencia de Dios y sentimos el susurro del espíritu de Dios en nuestro corazón.

Bien. Hemos llegado al final de lo que espero haya sido un viaje muy fructífero para ti en el discernimiento de la voz de Dios. Tengo que decirte que, ciertamente, lo ha sido para mí. Ha sido maravilloso aprender a escuchar Su voz, llegar a conocerlo mejor y saber que hay suficiente gracia y suficiente misericordia de nuestro gran Dios para cubrir nuestros errores, esos en los que tropezamos un poco, los que tal vez nos impiden escucharlo en Su gracia y Su misericordia.

Nuestros errores a menudo se convierten en los mejores maestros para escucharlo más claramente en el futuro, así que mantente alentado y ten la certeza de que, incluso al cerrar este estudio bíblico, este no es el final. Esto es en realidad el comienzo que te impulsa a una nueva trayectoria en tu caminar con el Señor, más ferviente y vibrante, más fresco y lleno de vida, y eso es justamente lo que nuestra relación con Dios se supone que debe ser desde su comienzo.

¡Sigamos adelante!

SEMANA SIETE

SESIÓN UNO

CÓMO COMENZAR EL DIÁLOGO: Tras presentarse en el grupo, anima a los participantes a dialogar sobre qué los atrajo a participar en el estudio *Escucha la voz de Dios*. Pregúntales: ¿Qué viene primero a tu mente cuando piensas en escuchar a Dios? ¿Se te facilita escuchar a Dios o ha sido una lucha para ti? Habla de tus expectativas para el estudio.

LEAN JUAN 5:30 Y DIALOGUEN sobre la sumisión de Jesús a la voluntad de Dios el Padre en todo lo que hizo. Con Jesús como nuestro modelo, ¿cómo debería verse nuestra sumisión a la voluntad del Padre en nuestra vida diaria? ¿Se nos facilita esto a la mayoría de nosotros? ¿Por qué sí o por qué no?

RESPONDAN LAS SIGUIENTES PREGUNTAS:

- Para ti, ¿qué resonó más de la lección?

- ¿De qué maneras luchas con la quietud y la oración? ¿De qué maneras intencionales practicas la quietud?

- ¿Alguna vez has estado renuente a obedecer algo que sentiste que Dios te estaba diciendo que hicieras porque no pensaste que Dios «obraría» de esa manera? Si te sientes cómodo, por favor comparte esta historia con el grupo.

CIERRA CON UNA ORACIÓN.

SESIÓN DOS

CÓMO COMENZAR EL DIÁLOGO: Revisen la historia de Abraham y de Isaac en Génesis 22:2-3. Pide a los participantes que compartan qué viene a su mente cuando escuchan la palabra *obediencia*. ¿Ha cambiado su entendimiento del término desde que eran niños? Pídeles que compartan (según se sientan cómodos) las áreas en las que perciben que Dios les está pidiendo que hagan algún cambio a medida que avanzan en obediencia a Él **(P. 27)**. Hablen sobre calcular el costo: la tensión entre pérdida y recompensa, duda y fe.

LEAN JUAN 16:5-15 Y DIALOGUEN sobre los roles del Espíritu Santo en nuestra vida. Pregúntales qué nociones preconcebidas sobre el Espíritu Santo traen a la mesa.

RESPONDAN LAS SIGUIENTES PREGUNTAS:

- ¿Qué parte de la lección retó la manera en que ves ahora al Espíritu Santo y Su obra en tu vida? ¿Cómo lo has visto trabajar en tu vida hasta este momento? ¿Estás dispuesto a ajustar tus preferencias y decisiones a medida que el Espíritu Santo te guía?

- Dialoguen sobre el diagrama de Cuerpo, alma y espíritu **(P. 49)** que Priscilla describe. Pide a los participantes que hablen sobre algún momento en que Dios les permitió ver el proceso de santificación en su vida, tal vez algún momento cuando sus deseos, acciones o pensamientos se voltearon hacia una dirección más «piadosa».

PIDE A UN VOLUNTARIO QUE CIERRE ESTE TIEMPO CON UNA ORACIÓN.

SESIÓN TRES

CÓMO COMENZAR EL DIÁLOGO: Comenten en pocas palabras sobre

«Las cinco M para escuchar de manera correcta a Dios» **(P. 56)**. ¿Cuál de estas fue en particular alentadora o retadora? ¿Tiene sentido y resulta natural la idea de «practicar» para discernir la voz de Dios, o por qué podría parecer un poco extraña al principio?

LEAN JUAN 10:27-30 Y DIALOGUEN sobre el papel de Dios como nuestro pastor. Tomen un momento para enfocarse en el versículo 27, «Mis ovejas oyen mi voz, y yo las conozco, y me siguen», y conversen sobre la intencionalidad de Dios al hablar de una manera que Sus hijos puedan escucharlo.

RESPONDAN LAS SIGUIENTES PREGUNTAS:

- Pide a los participantes que compartan una historia de un momento en que han escuchado con claridad la dirección de Dios. O, quizás, de un momento cuando Dios les pidió que esperaran.

- Comparte esta frase de Priscilla y conversen al respecto: «Esperar en Dios significa ser obediente y estar comprometido por completo con lo que Él te ha dado ahora hasta que tu Guía te indique que tomes la siguiente vuelta». ¿Existe algún área en la que has estado pidiendo que Dios obre y en la que Él parece estar moviéndose más lento de lo que quisieras? Si aplicáramos esta frase a nuestra situación, ¿cómo alumbraría nuestro caminar y actitud diaria en cuanto a nuestras circunstancias actuales?

COMO GRUPO, OREN DE MANERA ESPECÍFICA POR LAS COSAS EN SU VIDA EN LAS QUE ESTÁN BUSCANDO AL SEÑOR.

SESIÓN CUATRO

CÓMO COMENZAR EL DIÁLOGO:
Enfocarse en la Palabra de Dios a menudo puede parecer una tarea abrumadora, en especial cuando se trata de una práctica nueva. Dialoguen sobre la práctica de meditar sin cesar sobre la Palabra de Dios durante su estudio bíblico y a lo largo del día. Luego, hagan referencia a su lista de prioridades **(P. 91)**. Pide a los participantes que hagan del estudio y la oración en la Palabra de Dios una prioridad. Asegúrate de hablar sobre la práctica de meditar sobre la Palabra de Dios de continuo durante el día. Pueden pensar en ella mientras doblan la ropa, conducen, van de compras o mientras corren en la caminadora.

LEAN JUAN 8:1-11 Y DIALOGUEN sobre la diferencia entre la reacción de Jesús y la de los escribas y fariseos ante la mujer descubierta en adulterio. Cuando escuchamos la voz de Dios, tenemos que aprender también a discernir la voz de otros para poder ignorar sus palabras en favor de las instrucciones de Dios. En este pasaje, ¿cómo vemos la voz de convicción de Dios comparada con las voces de condenación de los fariseos?

RESPONDAN LAS SIGUIENTES PREGUNTAS:

- En momentos de buscar la voluntad de Dios sobre algún asunto en específico, ¿por qué nos estresamos y nos frustramos con facilidad? ¿Demuestran nuestras acciones y actitudes que creemos que «depende de nosotros» escuchar lo que Dios nos está diciendo? ¿Cuál es la verdad?

- Al buscar la instrucción de Dios, ¿te has descubierto perdiendo de vista a Dios mismo en favor de las cosas que Él puede dar? ¿Por qué es esta una tentación tan común? Dialoguen sobre cómo pueden reenfocar sus esfuerzos para conocer a Dios por Él mismo y no por las bendiciones o instrucciones que Él pueda darles.

OREN POR CADA INDIVIDUO EN EL GRUPO. PIDAN QUE DIOS LES ENSEÑE MÁS DE SU CORAZÓN Y CARÁCTER.

SESIÓN CINCO

CÓMO COMENZAR EL DIÁLOGO: En el estudio de la semana pasada, hablamos sobre la diferencia entre aliento, convicción y condenación. Dios nos da aliento y convicción, mientras que el enemigo ofrece condenación. A medida que estudiaste estas diferencias, ¿fuiste capaz de identificar con más facilidad el aliento de parte de Dios (en lugar de la condenación o el desánimo del enemigo) en tus pensamientos? Si te sientes cómodo, comparte un ejemplo con el grupo. Sobre el mismo tema, ¿qué piensas de medir tus pensamientos y acciones con la Escritura? ¿Cómo se vería si hicieras de esto una práctica más regular en tu vida?

LEAN EFESIOS 2:10. Dios asegura que somos hechura suya. ¿Cómo la idea de la mano de Dios al formarnos para ser más parecidos a Él alumbra tu entendimiento sobre escuchar Su voz? ¿Cómo te produce consuelo o estrés Su compromiso por santificarte? Explica.

RESPONDAN LAS SIGUIENTES PREGUNTAS:

- En circunstancias difíciles, ¿por qué se requiere un esfuerzo intencional para retirar nuestro enfoque de esas circunstancias? Cuando estás en una temporada de sequía, ¿corres *hacia* Dios o huyes *de* Dios? ¿Por

qué piensas que respondes de esta manera?

- ¿Es fácil para ti creer que los planes de Dios para tu vida, aun cuando requieren alguna desviación o retraso, son en verdad lo mejor para ti? ¿Qué puede estar impidiendo que confíes en Él y que esperes en que Él hará lo mejor?

CIERRA CON UNA ORACIÓN.

SESIÓN SEIS

CÓMO COMENZAR EL DIÁLOGO: Tomen un momento para hablar de los diferentes ejemplos bíblicos que exploraron esta semana **(P. 145)**. Asegúrense de hacerse la pregunta de los tiempos de Dios y de la manera en que Él dirigió las circunstancias de su vida. ¿Qué nos enseñan estas historias sobre el carácter de Dios?

LEAN HABACUC 1:5. (Siéntanse libres de leer los versículos antes y después del pasaje, comenzando en Hab. 1:1, para mayor contexto). Dialoguen sobre el poder de Dios y sobre Su habilidad para moverse de maneras asombrosas; Él a menudo obra de manera imperceptible tanto para nuestro beneficio como para la gloria de Su propio nombre. Tomen un momento en el grupo para hacer una lluvia de ideas sobre las razones por las que luchamos con esperar grandes cosas de Dios. ¿Cuál es una manera práctica en que podemos comenzar a cambiar esas expectativas en nuestra mente y corazón?

RESPONDAN LAS SIGUIENTES PREGUNTAS:

- Como seguidor de Cristo, ¿qué significa para ti ser parte de la familia de Dios? ¿Has permitido de verdad que esto se vuelva parte de tu identidad y que cambie tu vida cotidiana? Si esto representa una lucha para ti, ¿qué te impide hacerlo? ¿Piensas que apropiar tu identidad puede marcar una diferencia en tu mente y corazón?

- Priscilla expresa: «Si el enemigo no puede destruirte, él tratará de distraerte». ¿De qué manera ha sido la tecnología una distracción en tu vida y te ha alejado de prioridades mucho más importantes? ¿Qué tipos de estrategias puedes implementar para ti mismo y para los miembros de tu familia con respecto a redes sociales y aparatos tecnológicos?

PIDE QUE UN MIEMBRO DEL GRUPO ORE POR SU ÚLTIMA SEMANA DE ESTUDIO.

SESIÓN SIETE

CÓMO COMENZAR EL DIÁLOGO: Recuerden nuestro estudio sobre Habacuc 2:3 y mencionen las cosas que Dios le prometió. ¿Cuáles de estas promesas te ofrecen más aliento? ¿Qué promesa fue la que más te retó en tu tiempo de estudio? Si estás buscando a Dios por un asunto en particular, ¿cuál de estas promesas tienes más problemas para creer en esa circunstancia en específico?

LEAN HABACUC 2:1 Y DIALOGUEN sobre el enfoque de Habacuc al esperar en el Señor y sobre su disposición a ser corregido por Él. ¿Compartes estas mismas características al acercarte a Dios? ¿Por qué sí o por qué no?

RESPONDAN LAS SIGUIENTES PREGUNTAS:

- Guía al grupo en oración. Pidan por avivamiento, no solo en el corazón del grupo, sino también en las familias, iglesias y comunidades representadas.

- A medida que terminan su tiempo de estudio juntos, tomen un momento para recordar las verdades específicas de este estudio que los han impactado de manera especial en esta temporada de su vida. Pide a los participantes que relaten las maneras en que han escuchado a Dios y lo han visto moverse a medida que repasan cada semana del estudio. Alábenlo por Su bondad y por las personas con las que han podido compartir esta aventura. Reta a los participantes a utilizar el final de este estudio como un punto de partida para una relación más íntima con Dios. Este es solo el comienzo del resto de su vida de conocer a Dios de manera más íntima y de discernir Su guía con más claridad.

NOTAS

SEMANA UNO

1. Lewis Sperry Chafer, *He That is Spiritual: A Classic Study of the Biblical Doctrine of Spirituality* (Grand Rapids: Zondervan, 1967), p. 92.

2. Roger Staubach citado en *Jay Stewart, The Ultimate Road Trip: 12 Journeys that Shape Your Future* (Shippensburg, PA: Destiny Image Publishers, Inc., 2010).

3. Alfred J. Hoerth, *Archaeology and the Old Testament* (Grand Rapids: Baker Academic, 1998), p. 104.

4. John Baillie, *A Diary of Private Prayer* (Nueva York: Scribner, 1949).

5. James Strong, *Strong's Exhaustive Concordance of the Bible*, consultado el 20 de abril del 2017, Blue Letter Bible disponible en línea en blueletterbible.org/lang/lexicon/lexicon.cfm?Strongs=G1718&t=KJV.

SEMANA DOS

1. Charles R. Swindoll, «How Do I Know God's Will?», Visión para vivir de Chuck Swindoll, Christianity.com, 30 de junio del 2014, consultado el 16 de mayo del 2017, disponible en línea en christianity.com/print/11714665/.

2. Horatius Bonar citado en Peter Lord, *Hearing God* (Bloomington, MN: Chosen Books, 1988), p. 27.

3. Stephen F. Olford y David L. Olford, *Anointed Expository Preaching* (Nashville: B&H, 1998), pp. 29-30.

SEMANA TRES

1. F. B. Meyer, *The Secret of Guidance* (Chicago: Moody Publishers, 1997), p. 10.

2. Ibid., p. 13.

3. Definición de «atesorar», Blue Letter Bible, consultado el 16 de junio del 2017, disponible en línea en blueletterbible.org/lang/lexicon/lexicon.cfm?t=esv&strongs=g4933.

SEMANA CUATRO

1. Brother Lawrence, *The Practice of the Presence of God and Spiritual Maxims* (Incense House Publishing, 2013), p. 45.

2. W. F. Arndt, F. W. Danker, F. W. Gingrich, *A Greek-English Lexicon of the New Testament and Other Early Christian Literature, Third Edition* (Chicago: The University of Chicago Press, 2000), p. 258.

3. Andreas J. Köstenberger, *John: Baker Exegetical Commentary on the New Testament* (Grand Rapids, MI: Baker Academic, 2004), p. 474.

4. Jan Johnson, *When the Soul Listens* (Colorado Springs: NavPress, 1999), p. 156.

5. Bob Sorge, *Secrets of the Secret Place* (Grandview, MO: Oasis House, 2001), pp. 57-58.

6. Definición de «gobernar», Blue Letter Bible, consultado el 5 de junio del 2017, disponible en línea en blueletterbible.org/lang/lexicon/lexicon.cfm?Strongs=G1018&t=KJV.

7. A. W. Tozer, *Man: The Dwelling Place of God* (Camp Hill, PA: WingSpread Publishers, 1966) disponible en mywsb.com, consultado el 1 de junio del 2017.

SEMANA CINCO

1. Bruce Wilkinson, *Secrets of the Vine* (Colorado Springs: Multnomah Books, 2001).

2. Citado en R. T. Kendall, *The Sensitivity of the Spirit* (Lake Mary, FL: Charisma House, 2002), pp. 98-99.

3. «The Official Website of Arthur Blessitt» consultado el 5 de junio del 2017, disponible en línea en blessitt.com.

4. «Listed in the New Guinness World Records 2015, Page 155», *Official Website of Arthur Blessitt*, consultado el 5 de junio del 2017, disponible en línea en blessitt.com/guinness-world-records/.

5. «Longest Ongoing Pilgrimage», *Guinness World Records,* consultado el 5 de junio, 2017, disponible en línea en guinnessworldrecords.com/world-records/longest-ongoing-pilgrimage.

6. Ibid., Kendall.

7. Henry T. Blackaby y Richard Blackaby, *Hearing God's Voice* (Nashville: B&H, 2002), p. 46.

8. Ibid., Tozer, *Man: the Dwelling Place of God.*

9. Elisabeth Elliot, *God's Guidance: A Slow and Certain Light* (Ada, MI: Revell, 1997), p. 92.

10. Ibid., Johnson, p. 129.

11. Ibid., Blackaby y Blackaby, p. 202.

12. Matt Crocker, Joel Houston y Salomon Lightelm, *Oceans (Where Feet May Fail).* Brentwood, TN: Sparrow Records, 2013. Traducción al español por Toni Romero y Armando Sánchez.

13. Ibid., Johnson, p. 112.

14. Peter Lord, *Hearing God* (Bloomington, MN: Chosen Books, 1988), p. 190.

15. C. S. Lewis, *The Problem of Pain* (Nueva York: HarperCollins, 1996), p. 92.

SEMANA SEIS

1. A. W. Tozer, *The Root of the Righteous* (Chicago: Moody, 2015), pp. 27-28.

2. Ibid., Kendall.

3. Timothy Jones, *The Art of Prayer: A Simple Guide to Conversation with God* (Colorado Springs, CO: WaterBrook Press, 2005), p. 17.

4. Definición de «estar», Bible Study Tools, consultado el 14 de junio del 2017, disponible en línea en biblestudytools.com/lexicons/hebrew/nas/amad.html.

5. Definición de «afirmar», Bible Study Tools, consultado el 14 de junio del 2017, disponible en línea en biblestudytools.com/lexicons/hebrew/nas/yatsab.html.

6. Ibid., Sorge, p. 11.

7. Ibid., Huggett.

8. D. A. Carson, *For the Love of God, Volume Two* (Wheaton: Crossway, 1999).

9. Definición de «reprender», Blue Letter Bible, consultado el 5 de junio del 2017, disponible en línea en blueletterbible.org/lang/lexicon/lexicon.cfm?Strongs=H8433&t=KJV.

10. Ibid., Sorge, p. 11.

OTRAS RECURSOS PARA MUJERES

LUZ EN LA TINIEBLAS

Este estudio de la 1ra carta de Juan está diseñado para llevarte diariamente a las Escrituras con el propósito de profundizar en sus verdades, afianzarlas en tu mente y ponerlas en práctica por medio de 5 semanas de estudio personal y discusión grupal. Busca lo videos que acompañan este estudio en lifewaymujeres.com.

978-1-4627-9923-7- $10.99

DECISIONES QUE TRANSFORMAN

Este estudio bíblico se centra en la vida de ocho mujeres de la Biblia, cómo sus decisiones cambiaron sus vidas para bien o para mal, y lo que podemos aprender de ellas en su propio viaje. A lo largo de seis semanas de estudio personal y discusión grupal, las mujeres aprenderán a aplicar las enseñanzas de este estudio bíblico a sus propias vidas y podrán experimentar el diseño de Dios por sí mismas.

978-1-5359-3655-2 - $10.99

POR AMOR A SU NOMBRE

Dios es tan grande y abarca tanto que un solo nombre no es suficiente para describirlo. Necesitamos tener diferentes nombres para Él para que sea posible comprender Su grandeza. Cada nombre expone Sus características y aun después de unirlas todas, no nos alcanza para comprenderlo del todo. Cada nombre simboliza un aspecto de Su carácter y revela la esencia y naturaleza de quién es. Esperamos que a través de Por amor de Su nombre, Su gloria y grandeza sean reveladas y que cada lector se maraville de cómo nuestro gran Dios se humilló y se convirtió en hombre para que pudiéramos comprenderlo y amarlo.

978-1-0877-3843-7 - $14.99

LA ARMADURA DE DIOS UN ESTUDIO DE 7 SESIONES

Cada día, vives en una guerra espiritual invisible y muchas veces desconocida. Sin embargo, la sientes en cada aspecto de tu vida. Un enemigo maligno y devoto lucha por atacar todo lo que te interesa: tu corazón, mente, matrimonio, hijos, relaciones, perseverancia, sueños, y destino. Si estás cansada de sentirte intimidada, y que los ataques te agarren desprevenido, este estudio es para ti.

978-1-4300-5523-5 - $12.99

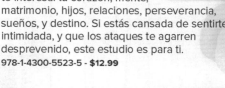

ELÍAS. FE Y FUEGO UN ESTUDIO DE 7 SESIONES

Elías se levantó para ser la voz implacable de la verdad en medio de un tiempo de crisis nacional y declive moral. A su ministerio lo caracterizó una fe tenaz y un fuego santo: elementos que necesitarás para permanecer firme en la cultura de hoy.

978-1-0877-5696-7- $12.99

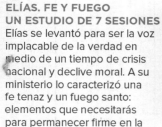

DIOS DE LA CREACIÓN ESTUDIO BÍBLICO DE 10 SESIONES CON VIDEO

A través de 10 sesiones de estudio de versículo por versículo, profundizamos en los primeros 11 capítulos de Génesis siguiendo tres niveles esenciales del aprendizaje: la comprensión, la interpretación y la aplicación. Los videos de enseñanza son clave para entender este estudio. Haz un repaso de las historias y personajes históricos conocidos, desafía tu conocimiento básico y descubre significados más profundos en el texto. Es a medida que Dios se revela a sí mismo en la Escritura, en donde podemos comenzar a entendernos a nosotras mismas en el destello del carácter, atributos y promesas del Creador.

978-1-5359-9741-6 - $14.99

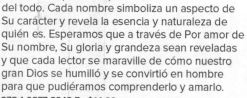

www.lifewaymujeres.com

Lifeway mujeres